Anmerkungen

1 Vgl.: Lück, G.: Handbuch der naturwissenschaftlichen Bildung.
Theorie und Praxis für die Arbeit in Kindertageseinrichtungen.
Herder, 2003

2 Zitiert nach: Henting, H.v.: Bildung. Hanser, München 1996, S. 40

3 Vgl.: Textor, M. R.: Der Bildungsauftrag des Kindergartens.
In: Kindergartenpädagogik – Online-Handbuch.
http://www.kindergartenpaedagogik.de/844.html

4 Vgl.: Fried, L./Roux, S.: Pädagogik der frühen Kindheit. Handbuch
und Nachschlagewerk. Beltz, Einheim und Basel 2006, S. 34

5 Vgl.: Haug-Schnabel, G./Ensel, J.: Kinder unter 3 – Bildung,
Erziehung und Betreuung von Kleinstkindern. Kindergarten heute –
spezial. Herder 2006, S. 13

6 Vgl.: Krenz, A.: Was Kinder brauchen – Aktive Entwicklungsbegleitung im Kindergarten. Cornelsen, Scriptor, Berlin 2007

7 Vgl.: Becker-Stoll, F.: Schutz- und Risikofaktoren der frühkindlichen
Entwicklung – Anforderungen für Frühpädagogik und Elternbil-
dung. In: Familienhandbuch – online.
http://www.familienhandbuch.de/cmain/f_Aktuelles/a_Kindliche_
Entwicklung/s_2320.html

Literaturverzeichnis

Bienert, M.: Darum einen Bildungsplan!
www.raabe.de/examples/165_1.pdf

Elschenbroich, D.: Weltwunder. Kinder als Naturforscher. Goldmann,
München 2007

Fthenakis, W. E./Oberhuemer, P.: (Hrsg.): Frühpädagogik international.
Bildungsqualität im Blickpunkt. VS Verlag für Sozialwissenschaften,
Wiesbaden 2004

Grüßing, M./Peter-Koop, A.: (Hrsg.) Die Entwicklung mathematischen
Denkens in Kindergarten und Grundschule.
Mildenberger, Offenburg 2006

Henting, H. v.: Bildung. Hanser, München 1996

Herschkowitz, N./Chapman Herschkowitz, E.: Klug, neugierig und fit
für die Welt, Gehirn- und Persönlichkeitsentwicklung in den ersten
sechs Lebensjahren. Herder spektrum, Freiburg 2006

Laewen, H.-J.: Funktionen der institutionellen Früherziehung: Bildung,
Erziehung, Betreuung, Prävention. In: Fried, L./Roux, S.: Pädagogik
der frühen Kindheit. Handbuch und Nachschlagewerk. Weinheim,
Beltz und Basel 2006, S. 96 ff.

Piaget, J.: Das Weltbild des Kindes.

Schäfer, G. E.: Bildung beginnt mit der Geburt. Beltz 2004

Tietze, W./Rossbach, H.G./Grenner, K.: Kinder von 4 bis 8 Jahren. Zur
Qualität der Erziehung und Bildung in Kindergarten, Grundschule
und Familie. Weinheim, Beltz 2005

Studie: Volkswirtschaftlicher Nutzen von frühkindlicher Bildung in
Deutschland. http://www.bertelsmann-stiftung.de/cps/rde/xchg/
SID-0A000F0A-A8C4A658/bst/hs.xsl/335.htm

Kindergarten heute spezial: Kinder unter 3 – Bildung, Erziehung und
Betreuung von Kleinstkindern. Herder, Freiburg 2006, 4. Auflage

Jeanette Stark-Städele

Kleine Kinder – große Entdecker

Wie Eltern frühkindliche Bildung unterstützen

Zum Thema bei Urania bereits erschienen:

Gerda Pighin
Die besten Förderspiele von 0 bis 6 Jahren
ISBN 978-3-7831-6146-5

Gerda Pighin
Kreative Förderspiele im Alltag
ISBN 978-3-7831-6141-0

Gerda Pighin
Spaß mit Förderspielen
ISBN 978-3-7831-6081-9

Die Autorin:

Jeanette Stark-Städele
ist eine langjährige Redakteurin, Übersetzerin und Autorin von Sachbüchern. Ihre Schwerpunkte sind Familienratgeber, Pädagogik, Psychologie und Gesundheit.

Bibliografische Information der Deutschen Bibliothek
Die Deutsche Bibliothek verzeichnet diese Publikation in der Deutschen Nationalbibliografie; detaillierte bibliografische Daten sind im Internet über http://dnb.ddb.de abrufbar.

© 2009 Urania Verlag
in der Verlag Kreuz GmbH
Postfach 80 06 69, 70506 Stuttgart

www.urania-verlag.de

Umschlaggestaltung: Behrend & Buchholz, Hamburg
Titelfoto: Richard Elliott / Getty Images
Redaktion: Anke Scheffler, Berlin
Satz: Grafikstudio Scheffler, Berlin
Druck: Westermann Druck Zwickau
Printed in Germany

ISBN 978-3-7831-6155-7

Einleitung

Bestimmt staunen Sie immer wieder, was Ihr Kleines alles kann – egal ob es drei oder neun Monate, zweieinhalb oder fünf Jahre alt ist. Schon das Neugeborene fasziniert uns durch seine intensive Wahrnehmung und seine Kommunikationsversuche. Es ist kaum vorstellbar, dass man früher meinte, so ein kleines Wesen würde gar nichts mitbekommen und müsse nur gefüttert und gewickelt werden. Was Eltern aber schon immer spürten und worauf sie instinktiv reagierten, hat die moderne Hirnforschung eindrucksvoll mit verblüffenden Resultaten untermauert: Kinder lernen ständig, von Geburt an und mit allen Sinnen. Kinder bringen ein riesiges Potenzial mit auf die Welt, und damit sie es voll entfalten können, sind die Umweltbedingungen und Bildungsvoraussetzungen in den ersten Lebensjahren entscheidend wichtig.

Von Anfang an bildet sich das Gehirn mit jeder Erfahrung, jeder Sinneswahrnehmung aus.

Angesichts solcher Erkenntnisse und der Tatsache, dass deutsche Schüler im internationalen Vergleich durchaus noch besser abschneiden könnten, weil wir für die Zukunft unseres Landes hochqualifizierten Nachwuchs brauchen, hat sich das Thema »Frühkindliche Bildung« in den letzten Jahren zu einem Schlagwort entwickelt – und manchmal möchte man meinen, zu einer Art Allheilmittel für die allgemeine Bildungsmisere.
Und so soll heute jedes Kind möglichst von Anfang an optimal gefördert werden – natürlich ohne Leistungsdruck und ohne Überforderung. Das ist der Wunsch, der Anspruch. Da dies, wie die gesellschaftliche Realität zeigt, nicht in jedem Elternhaus erfolgt, sind auf politischer Ebene sogenannte Bildungspläne entwickelt worden. Sie sollen sicherstellen, dass Kinder auch aus bildungsfernen Elternhäusern im Kindergarten eine grundlegende Elementarbildung erhalten, die Voraussetzung für den späteren schulischen Erfolg ist.

Was Sie als Eltern wissen müssen

Als Eltern wünschen Sie sich, dass Ihr Kind glücklich wird, Selbstvertrauen entwickelt und in einer sich immer schneller verändernden Welt einmal gut zurechtkommen wird. Und natürlich soll es möglichst viel erreichen, seine Talente entwickeln und in unserem Bildungssystem erfolgreich sein.

Vielleicht verunsichert angesichts der Bildungsdiskussion und der überall angebotenen Baby- und Kinderkurse fragen Sie sich dann auch, ob Sie Ihr Kind gezielt fördern sollen. Mit ein wenig Kenntnis, wie Lernen in früher Kindheit erfolgt, warum der frühkindlichen Bildung so hohe Bedeutung zukommt, was die Bildungsdiskussion bewirken soll, aber auch dank Ihrem gesunden Elterninstinkt und Ihrem Gefühl können Sie den richtigen Weg für Ihr Kind finden – sicher, dass es optimal gefördert, aber nicht überfordert wird, dass es Kind bleiben darf und kein permanenter Leistungsdruck auf ihm lastet.

Bildung wird heute als ein Prozess verstanden, den das Kind nur eigenaktiv und selbsttätig betreiben kann; es geht dabei keineswegs um »Belehrung«. Dieser Ansatz, der der heutigen Arbeit im Kindergarten zugrunde liegt, wird in diesem Ratgeber erläutert und für die Situation zu Hause umgesetzt. Damit erhalten Sie als Eltern das notwendige Hintergrundwissen, um Ihr Kind selbst auch in dieser Weise optimal fördern zu können. Sie werden ihm ermöglichen, seine Talente und seine individuelle Persönlichkeit in Ruhe in seinem eigenen Tempo zu entfalten.

Sie werden gemeinsam Spaß haben und die Kindheit voll auskosten können.

Spiel und Spaß, da können Sie sicher sein, bleiben das Wichtigste im Leben Ihres Kindes. Es wird seine »inneren« Kräfte, so wie es das selbst möchte, voll ausleben können – dessen können Sie sicher sein. Und auch Sie werden – nicht nur an Ihrem Kind – manch Neues entdecken.

Jeanette Stark-Städele

Frühkindliche Bildung: wahrnehmen, entdecken und spielen

Die frühkindliche Bildung gilt heute als entscheidender Bereich eines zukunftsfähigen Bildungssystems.

Dabei ist frühe Bildung im Grunde etwas ganz Praktisches und Selbstverständliches, was kleinen Kindern in den meisten Elternhäusern im Alltag automatisch vermittelt wird. Frühkindliche Bildung bedeutet, das Kind in die Welt einzuführen, es zum selbstbestimmten Entdecken und Aneignen der Welt anzuleiten und es in die Lage zu versetzen, sich aktiv mit seiner Umwelt und sich selbst auseinanderzusetzen.

Befassen wir uns in diesem Kapitel zunächst mit der Frage, warum der frühen Kindheit eine so zentrale Rolle für Lernprozesse zukommt, warum Bildung zum zentralen Thema der Frühpädagogik geworden ist und was heute unter Bildung verstanden wird.

Frühes Lernen – große Chance für kleine Kinder

Noch bis zum Ende des 20. Jahrhunderts wurden Bildung und Lernen im Wesentlichen mit Schule gleichgesetzt – die Kleinkind- und Vorschulzeit galt dagegen als Phase des »zweckfreien« Spiels. Doch seit etwa zehn Jahren verändert sich das gesamte System der frühkindlichen Bildung und Erziehung in rasantem Tempo. Pädagogen, Neurologen, Psychologen und Lernforscher haben die frühen Jahre, die Zeit von null bis sechs und insbesondere die ersten drei Lebensjahre, als eine Phase enormer und nicht mehr nachzuholender Entfaltungspotenziale entdeckt. Diese Erkenntnisse über die unglaubliche Aufnahmefähigkeit des Gehirns in den ersten Jahren mit ihren weitreichenden Folgen für die lebenslange Bildungsgeschichte hat zu einem Aufblühen der Frühpädagogik geführt.

Sinnliche Aktivitäten

Eine Erkenntnis hat sich durchgesetzt: Spielen und Lernen sind eine Einheit!

Im diesem Zusammenhang hat sich auch der Lernbegriff erweitert. Lernen, gerade in früher Kindheit, wird keinesfalls als theoretische Aneignung von Wissen, als etwas Abstraktes also, verstanden, sondern als eine »sinnliche Aktivität«, die vom Kind selbst initiiert wird.

Spielerisch lernen

Lernen und Spielen – das weiß man in der Pädagogik eigentlich schon lange – sind keine Gegensätze. Spielen bedeutet vielmehr lernen, im Spiel lernt das Kind die Tätigkeiten und Verhaltensweisen des Alltags und eignet sich die Welt an.

Auf dieser Basis wurden inzwischen für die Kindergärten Bildungspläne entwickelt. Zudem sollen Kinder unter drei verstärkt in die Bildungssysteme einbezogen werden, wofür ganz neue Konzepte erarbeitet werden müssen.

Eine Akademisierung der Erzieherinnenausbildung wird gefordert und gefördert, Fachschulen arbeiten an Reformansätzen für eine Neugestaltung der kindlichen Bildung. An Universitäten und Fachhochschulen wird verstärkt Frühpädagogik gelehrt. In vielerlei Studien und Projekten wird erforscht, durch welche pädagogischen und didaktischen Konzepte das frühkindliche Lernpotenzial optimal gefördert und entfaltet werden kann, parallel dazu laufen Forschungsprojekte in Wirtschaft und Politik.

Das rechte Maß

Ob hier, wie häufig bei Reformen, des »Guten« zu viel getan wird, sei an dieser Stelle dahingestellt. Die Frage nach einer möglichen Überforderung des Kindes wird durchaus gestellt; das rechte Maß im Auge zu behalten wird daher eine wichtige Aufgabe der Erzieherinnen und Eltern in der Umsetzung aller hehren Bildungsziele im Kleinkind- und Vorschulalter sein. Keinesfalls darf es bei der frühkindlichen Bildung darum gehen, schulische Inhalte und gar Methoden einfach »vorzuverlagern«. Die Frühpädagogik arbeitet mit anderen Ansätzen als die Schulpädagogik. Ihr liegt, auf der Basis der Erkenntnisse der Gehirnforschung, nicht nur, wie oben ausgeführt, ein anderer Lernbegriff, sondern auch ein anderes Bild vom Kind zugrunde: das Kind, das seine eigenen Lernprozesse selbsttätig vorantreibt. Die Frühpädagogik hat damit kein zielgerichtetes kognitives Lernen zum Inhalt; angeregt wird vielmehr das selbstbestimmte Forschen und Entdecken, gespeist aus Neugierde und den individuell und entwicklungsbedingten Interessen, im spielerischen Tun und Miteinander mit anderen. Hoffen wir, dass über all den

Früh- und Schulpädagogik unterscheiden sich erheblich.

Plänen und Projekten nicht der Gesamtzusammenhang, die Praxis und das Wesentlichste – das einzelne Kind – aus den Augen verloren wird.

Angesichts dieser Prämisse des selbsttätigen Kindes steht aber auch außer Zweifel, dass wir Eltern in unserer täglichen Zuwendung und im Erleben des Alltags mit dem Kind seine wichtigsten »Förderer« bleiben.

Die ersten Lebensjahre – Weichenstellung fürs Leben

Gesunde Kinder besitzen bei der Geburt alle Anlagen, die sie für ein erfolgreiches Leben brauchen – sie kommen gleichsam mit einer weitreichenden »Grundausstattung« und einer angeborenen Lust zum Lernen zur Welt. Diese Anlagen entfalten sie ganz automatisch – sofern sie eine förderliche Umgebung vorfinden. Die ersten Lebensjahre bedeuten für die Entwicklung dieser »Grundausstattung« in vielfältiger Hinsicht eine Weichenstellung fürs Leben: für das emotionale Wohlergehen, für die Ausbildung von Urvertrauen und damit Liebesfähigkeit, für Selbststärke und Zuversicht.

Die Grundbedürfnisse des Babys

Nur wenn die Grundbedürfnisse eines Babys befriedigt sind – Nahrung, Wärme, Sicherheit, Pflege und Selbstwert – kann es sich auch kognitiv optimal entfalten und erfolgreich soziale und mentale Fähigkeiten erlernen. Voraussetzung für jede positive Entwicklung und damit auch für jeden Lernprozess ist Geborgenheit, also ein zugewandter, liebevoller Umgang mit dem Kind.

Die Erfahrungen und die Beziehungen, die ein Kind in den ersten Lebensjahren macht und erfährt, spielen damit eine besonders wichtige Rolle in der Entwicklung und Vernetzung des kindlichen Gehirns. Forschungen zeigen, dass frühe Erfahrungen lebenslang den größten Einfluss auf die Persönlichkeitsbildung haben. Sicherheit und Zuwendung beeinflussen im Zusammenwirken mit positiver geistiger Anregung, wie Ansprache und Spiel, die sich entwickelnde Gehirnchemie und fördern das Wohlbefinden, das wiederum erst empfänglich macht für nachhaltige Lernprozesse.

Es konnte inzwischen nachgewiesen werden, dass Kinder, die früh häufigem Stress, z. B. in Form von Vernachlässigung oder Streit, ausgesetzt sind, darauf mit einer hohen Ausschüttung von Stresshormonen reagieren, die dauerhaft die Gehirnstruktur prägen, Lernprozesse hemmen, zu emotionalen, sozialen und körperlichen Störungen sowie späteren Lernproblemen und verstärkten Stressreaktionen führen können.

Ein unglaubliches Potenzial

Wie hoch das Lernpotenzial eines Kindes in den ersten Lebensjahren ist, haben entwicklungspsychologische und neurowissenschaftliche Forschungsergebnisse in jüngster Zeit deutlich gemacht.

Das Gehirn entwickelt sich schon in der Gebärmutter und besteht bei der Geburt aus über 100 Milliarden Zellen und 50 Billionen Leitungsbahnen und Verbindungen. Beim Neugeborenen hat es nur ein Viertel seiner endgültigen Größe, wächst aber bis ins dritte Lebensjahr auf 80 Prozent an.

Die Gehirnentwicklung erfolgt, wenn die Zellen im Gehirn des Babys Synapsen bilden, um Ereignisse und Erfahrungen zu verbinden und so Bedeutung herzustellen. Dies beginnt schon in der Gebärmutter und dauert die frühe Kindheit hindurch an.

Je mehr Erfahrungen gemacht werden, umso verzweigter wird das Wissensnetz gesponnen.

Diese Entwicklung des Gehirns vollzieht sich nicht strukturiert in einer übergreifenden Ordnung des Sammelns und Auswertens von Informationen, sondern dezentral an unzähligen Stellen. Das Gehirn wird sozusagen stetig weiter auf- und umgebaut, wie ein Netz.

Die Vernetzung des Gehirns

Wenn die Sinnesorgane beginnen, Signale aus der Umwelt aufzunehmen – wie Berührungen, Sprache, Geräusche, Farben und Formen – regen diese Erfahrungen die Vernetzung im Gehirn an.

In dieser frühen Phase hat ein Kind ein unglaubliches Lernpotenzial, welches genutzt werden muss. Nach etwa sechs Jahren haben Kinder eine individuelle Vorstellung von der Welt. Bis zum Beginn der Pubertät werden dann zwei Drittel der ursprünglich angelegten Verbindungen wieder gelöscht – sie bliebenungenutzt.

Die Gehirnentwicklung wird dabei von genetischen Faktoren beider Eltern sowie durch die Umgebung beeinflusst. Die Frage, wie viel Potenzial angeboren ist und was durch Einflüsse der Umgebung geschieht, also der Anteil von Anlage und Umwelt, ist dabei letztlich nicht zu beantworten – beides arbeitet in untrennbarer Wechselwirkung zusammen.

Anregungen und Sinneseindrücke schaffen Verbindungen der Nervenbahnen.

Dies macht deutlich, dass Eltern und Betreuungspersonen einen entscheidenden Einfluss auf die sich bildenden Gehirnverknüpfungen haben. Dabei ist aber nicht nur eine intellektuell anregende Umgebung wichtig, sondern zuallererst Sicherheit, Geborgenheit und zugewandte Betreuungspersonen.

Sinneseindrücke und Erfahrungen

Lernprozesse werden von Sinneseindrücken, von Wahrnehmungen initiiert – von Geburt an. Die Säuglingsforschung bestätigt, dass bereits das Baby alle Sinne einsetzt, um seine Umwelt zu erforschen, und sie dabei gleichzeitig verfeinert. Zudem ist es von Geburt an auf Kommunikation ausgerichtet.

Die Art der Anregungen bestimmt, welche Verknüpfungen im Gehirn ausgebildet werden und damit die Struktur und spätere Leistungsfähigkeit des Gehirns. Werden im Alltag immer wieder gleiche Erfahrungen gemacht, so prägen diese sich auf »Gedächtnisbahnen« im Gehirn ein – sie werden zu festem Wissen. Das Erfahrungslernen, also das Lernen aus eigenen Tätigkeiten, bleibt die ganze Kindheit hindurch entscheidend wichtig. Kinder lernen durch Nachmachen, durch Mittun bei und in Alltagserfahrungen.

Das strukturelle Problem der Schule – und damit die häufigen Lernprobleme – liegt gerade darin, dass Alltagslernen nicht mehr gegeben ist, dass das Lernen also von Erfahrungen abgekoppelt wird.

In der frühen Kindheit gibt es diese Trennung nicht – nur durch eigenes Tun »erfährt« das Kind und lernt nachhaltig, sozusagen von selbst. Im Babyalter geschieht dies durch vielfältige Sinnesanregungen und später in der ungefährdeten Erkundung seiner Umgebung. Beim frühen Kontakt mit Wörtern beim Vorlesen, Sprechen, Singen, Sich-Bewegen werden viele Sinne angeregt, und Erfahrungen mit sich und der Umwelt sind möglich. Auch Rituale sind wichtige Erfahrungen, die sich einprägen und zudem Konstanz und Sicherheit schaffen. Es versteht sich sicher von selbst, dass Fernsehen in diesem Zusammenhang keinerlei positive Wirkung auf die Gehirnentwicklung hat. Der Hirnforscher Wolf Singer formuliert es griffig so: »Nur Zuschauen genügt nicht – Selbermachen ist entscheidend« – das gilt denn auch für »lehrreiche« Kindersendungen.

Rituale sind eine wichtige Erfahrung für das Kind.

Erfahrungen müssen »sich setzen« können

Damit das Gehirn Erfahrungen auch einprägt, müssen sie
mehrfach wiederholt werden. Dazu bedarf es der Ruhe,
der Muße – auch diese muss ein Kind von Anfang an »erfahren«. Das »Überschütten« mit immer neuen Sinnesanregungen überfordert das Kind, es wird unruhig oder
schaltet ab – Lernprozesse sind so nicht mehr möglich.

Kinder erobern sich die Welt

Endgültig überholt ist das sog. Trichtermodell, also das Bild
vom Fass, das mit Wissen gefüllt werden muss. Kinder lernen
nicht durch Belehren und Unterweisen, sondern durch selbst
bestimmtes, aktives Tun. Alle Lernprozesse, die die Persönlichkeit nachhaltig beeinflussen, sind selbstgesteuert.
Überlegen Sie selbst einmal – wann lernen Sie am besten? Wenn
Sie eine technische Anweisung aus der Bedienungsanleitung
umsetzen müssen, dabei ziemlich genervt sind, weil Sie zum
einen unter Zeitdruck stehen und sich zum anderen gar nicht
gern mit solchen Dingen beschäftigen, oder wenn Sie sich in
entspannter Atmosphäre mit Spaß an der Sache einem neuen
Hobby widmen? Fazit: Wenn wir wollen und uns die Sache in-
teressiert, ist Lernen keine Last, sondern Lust.

**Die Motivation
spielt eine große
Rolle beim Lernen.**

Und was hat das mit frühkindlichem Lernen zu tun? Viel, denn
Kinder sind hoch motiviert zu lernen. Sie haben den Drang zu
lernen – warum? Weil es ihnen Erfolg bringt. Sie erwerben
Selbstständigkeit, durchschauen Ursache und Wirkung und
werden kompetent im Umgang mit Menschen und Umwelt.
Das macht stolz und vermittelt ein gutes Gefühl.

Aus Erfahrungen konstruiert: die Theorie

Kinder sind also geborene Forscher und Entdecker, sie lernen durch Ausprobieren, durch Versuch und Irrtum. Doch genauso wie den Drang, Erfahrungen zu machen, besitzt ein Kind von Geburt an die Fähigkeit zur Theoriebildung, d. h. es stellt gleichsam zu allem, was es wahrnimmt und erfährt, eine Theorie auf, die es auf der Basis neuer Erfahrungswerte und besserer Erklärungsmöglichkeiten modifiziert. Praxis und Theorie – beides ist von Anfang an im Kind angelegt und verwoben und wird als automatischer, nicht bewusster Prozess entwickelt – ganz von selbst in einer förderlichen Umgebung.

Den Forschergeist ihres Kindes können Eltern ganz leicht wecken:
- indem sie sich von seiner natürlichen Neugierde leiten lassen,
- seine Lernlust wecken
- und es ermutigen, den Dingen auf den Grund zu gehen,
- bei der Sache zu bleiben,
- und sich von Rückschlägen nicht entmutigen zu lassen.

Zuallererst bedeutet dies eine Erziehung zur Selbstständigkeit, die das Kind auch eigene Erfahrungen machen lässt, es nicht »in Watte packt« und so Selbstvertrauen fördert (s. S. 60).

»Zeitfenster« und individuelles Entwicklungstempo

Lernprozesse vollziehen sich bei jedem Kind im Wesentlichen in gleicher Weise – aber in individuellem Tempo und mit stark unterschiedlichen Schwerpunktsetzungen. So ist ein Kind früh körperlich aktiv und sehr geschickt, ein anderes sprachlich voraus und wieder ein anderes intensiv mit dem Erforschen jeder Kleinigkeit befasst. In genau den Bereichen, für die das Kind von sich

Jedes Kind hat sein individuelles Entwicklungstempo.

aus Interesse zeigt, kann die Entwicklung zum jeweiligen Zeitpunkt am besten voranschreiten und gefördert werden. Hier sucht sich das Kind seine Beschäftigungen. Dafür ist es auf eine aktive Umwelt angewiesen, die ihm Entdeckungsfelder auftut, seine Bedürfnisse wahrnimmt und Lernangebote macht.

Die Hirnforschung hat gezeigt, dass es neben diesen individuellen Lernschritten auch bestimmte Zeitfenster für einzelne Entwicklungsschritte gibt, in denen bestimmte Fähigkeiten besonders gut gelernt werden können. In manchen Fällen, z. B. beim Spracherwerb, kann die jeweilige Fähigkeit später sogar überhaupt nicht mehr nachgeholt werden.

Sprachen lernen

Das optimale Alter, in dem fast mühelos eine Fremdsprache gelernt werden kann, endet mit spätestens zehn Jahren. Denn bis dahin wachsen die für Sprachen wichtigen Nervenfasern im sog. Balken, der beide Hirnhälften verbindet, besonders stark. Daher sollten Sprachen spätestens ab der Grundschule gelehrt werden.

Ein weiteres bekanntes Beispiel ist die motorische Fertigkeit des Fahrradfahrens, die eine intuitive Bewegungskontrolle erfordert. So muss, wer eine Linkskurve fahren will, zunächst kurz nach rechts fahren. Kinder erlernen das rasch von selbst. Wollen dagegen Erwachsene Rad fahren lernen, fällt ihnen dies ziemlich schwer. Auch das Malen oder Musikinstrumente, ebenso das Komponieren lassen sich in der Kindheit leichter erlernen. Solche Zeitfenster, die übrigens weitgehend mit den »Sensiblen Phasen« übereinstimmen, die schon die Pädagogin Maria Montessori postulierte, sind eine Zeitlang geöffnet, bevor sie sich, spätestens mit der Pubertät, dauerhaft schließen. Denn ab

einem gewissen Alter ist das Gehirn »fest verdrahtet« und die Fähigkeit, neue Verknüpfungen zu bilden, nimmt mit der Pubertät stark ab.

Allerdings sind diese Zeitfenster relativ breit und die entsprechenden Angebote zur Entwicklung dieser Fertigkeiten werden von den Kindern in aller Regel selbst »eingefordert«. Nur bei schwerer Vernachlässigung kommt es hier zu einer dauerhaften Schädigung.

Ein Blick in die Entwicklungspsychologie

Nicht nur aus neurophysiologischer Perspektive sind frühe Lernerfahrungen, und gerade auch Erfahrungen mit Naturphänomenen, von höchster Bedeutung, sondern auch aus Sicht der traditionellen Entwicklungspsychologie.

Die Entwicklungspsychologie befasst sich mit der Entwicklung vom Verhalten des Menschen in den verschiedenen Lebensaltern und Phasen; dazu gehören u.a. die motorische und kognitive Entwicklung, der Spracherwerb, die soziale, emotionale und motivationale Entwicklung, die moralische Entwicklung usw. In jeder Entwicklungsphase steht der Mensch dabei vor bestimmten Aufgaben, und viele Dinge kann er erst auf der Basis vorher erfolgreich gemeisterter Entwicklungsaufgaben bewältigen. Dies gilt in besonderer Weise für das Kindesalter. In diesen sog. Phasentheorien wird beschrieben, welche Einstellungen, Interessen, psychischen Aufgaben und Kompetenzen in einem bestimmten Entwicklungsabschnitt, wie z. B. Säuglingsalter, Vorschulalter usw., vorrangig sind und wie darauf reagiert werden kann, um eine gute Entwicklung zu ermöglichen. Dabei werden auch für die jeweilige Entwicklungsstufe typische Krisen, Risiken oder Probleme thematisiert. Die Entwicklungspsychologie ermöglicht damit eine Orientierung über Kompetenzen, Leistungen und Probleme der verschiedenen Altersstufen.

Nicht nur für Pädagogen und Bildungsexperten, sondern auch
für die Eltern sind solche Kenntnisse darüber, was das Kind von
seiner Entwicklung her überhaupt zu »leisten« imstande ist,
sehr wertvoll, um ihm eine förderliche Umgebung zu bieten,
ohne falsche Erwartungen zu haben an Leistungen, die es in
einer bestimmten Entwicklungsphase noch gar nicht erbringen
könnte.

Jean Piaget – die Stadientheorie

**Jean Piaget
(1896 – 1980)
war ein Schweizer
Entwicklungs-
psychologe.**

Eine auch heute noch gültige Entwicklungstheorie, wenn auch
mit einigen zeitlichen Korrekturen versehen, stammt von Jean
Piaget, der zeigte, dass sich das kognitive Denken in bestimmten
Phasen ausbildet, die sich stufenweise entwickeln. Dabei vollziehen sich beim Kind zwei Prozesse: Zum einen verlangt die
Aneignung von Wirklichkeit die Anpassung der Wirklichkeit
an die Muster des subjektiven Denkens (Assimilation), zum
anderen aber auch die Anpassung der subjektiven Erkenntnis-
muster an die Muster der Wirklichkeit (Akkomodation). Das
bedeutet, dass das Kind seine zunehmende Intelligenz entwickelt, indem es sich in der Interaktion mit der Umwelt Wissen
selbst aneignet.
Nach Piaget sind dabei die ersten beiden Lebensjahre von der
sensu-motorischen Phase geprägt, d.h. die Motorik, und das
Ertasten und Fühlen bestimmen die Entwicklung. Hierbei bildet
sich ein vorbegriffliches Denken auf der Wahrnehmungs-Hand-
lungsebene aus.
Der Übergang zum Denken vollzieht sich dann ab der Mitte des
zweiten Lebensjahres, wenn das Kind beginnt, die Ergebnisse
von Handlungen gedanklich vorwegnehmen zu können. Dabei
spielt die Objektpermanenz, d.h. die Vorstellung, dass Dinge
auch da sind, wenn es sie nicht sieht, eine wesentliche Rolle.
In der folgenden präoperationalen Phase können sich Kinder

zwar zunehmend Gegenstände in räumlicher und zeitlicher Beziehung vorstellen, doch bleibt das Denken dennoch stark an die konkrete Anschauung gebunden.

Logische Verknüpfungen oder Kausalbezüge können erst in der nächsten Phase, der konkret-operationalen zwischen sieben und zwölf, hergestellt werden. Hier entwickelt sich das abstrakte Denken und das logische Folgern.

Auf der letzten, der formal-operationalen Phase kann auch bei nicht konkret gegebenen Objekten logisch gefolgert werden. Nun ist auch eine Hypothesenbildung möglich.

Die Bedeutung des eigenen Tuns

Zwar ist heute nachgewiesen, dass einige dieser Phasen, z. B. die Objektpermanenz, bereits früher erfolgen, die formal-operationale dagegen erst später, etwa ab dem 16. Lebensjahr. Doch gesichert bleibt die stufenweise Entwicklung der Erkenntnisgewinnung an sich und damit auch die überragende Bedeutung des eigenen Tuns, der eigenen Erfahrung für den Lernprozess.[1]

Kindliches Denken

Die Grundformen des kindlichen Denkens spielen in unserem heutigen Bild vom Kind eine zentrale Rolle, also der Aufbau neuen Wissens auf bereits gemachten Erfahrungen durch Differenzierung und Erweiterung. Sie zeigen ebenfalls, dass nur das selbstbestimmte, sinnliche Tun, das nicht gelenkte Forschen des Kindes in einer anregenden Umgebung dem kindlichen Lernvermögen entspricht – und nicht die kognitive Förderung von klein an.

Bildung heute – was sollen Kinder lernen?

Was Bildung ist, wurde schon immer viel diskutiert und historisch unterschiedlich betrachtet. »Den« Bildungsbegriff gibt es nicht. Vom »Bildungskanon« – was man wissen »muss« – bis zur Bildung als reine Selbstbildung gibt es unzählige, auch wissenschaftlich grundgelegte, Ansätze von Pädagogen, Lerntheoretikern usw. Unser moderner Bildungsbegriff geht großteils auf Wilhelm von Humboldt zurück, der Bildung als »die Anregung aller Kräfte eines Menschen, damit diese sich über die Aneignung der Welt in wechselseitiger Ver- und Beschränkung harmonisch-proportionierlich entfalten (...)« verstand.[2]

Allgemeinhin wird Bildung heute im Spektrum folgender Faktoren gesehen:
- als Entwicklung und Schulung innerer Kräfte (formale Bildung),
- als Aneignung von Kenntnissen und Erschließung der Welt (materiale Bildung),
- als Selbstbildung sowie
- als Bildung und Wissensvermittlung durch Dritte,
- als Übernahme und Erwerb von Bildungsgütern wie Sprache, Kulturtechniken, Wissenschaften, Technik (einschließlich neuer Informationstechnologien) und Kunst als auch die kritische Auseinandersetzung mit diesen.[3]

Damit dient Bildung sowohl der Entfaltung des inneren Menschseins und der eigenen Individualität (Bildung als Selbstzweck) als auch der gesellschaftlichen Nützlichkeit. Bildung umfasst also sowohl Allgemein- als auch Berufsbildung, Schul- bzw. Hochschulbildung oder betriebliche Ausbildung, und sie bedeutet sowohl einen Prozess des kognitiven, moralischen, sozialen und emotionalen Lernens als auch das Resultat eigener »Studien«.

Im Fokus: die Selbsttätigkeit des Kindes

Zentral für die Diskussion um die frühkindliche Bildung ist die Frage nach der Rolle des Kindes. Vereinfacht ausgedrückt: Lernt es »von selbst« oder muss es »gelehrt« werden?
In diesem Zusammenhang sind auch heute noch Bildungsbegriffe berühmter Pädagogen wie z. B. Fröbel oder Montessori (s. S. 57 f.) von hoher Bedeutung, ergänzt und modifiziert durch entwicklungspsychologische Erkenntnisse, die zunehmend das individuelle Kind in den Vordergrund stellten.
Doch die Vorstellungen von der Selbsttätigkeit des Kindes wandelten sich im Laufe der Jahre:

Neue Erkenntnisse verbinden – sich mit bewährten – pädagogische Theorien.

> **Die Vorstellungen von der Selbsttätigkeit des Kindes**
>
> »Sie führen von einem Kind, das tätig nachahmt, was Erwachsene – kindgemäß – anbieten, zu einem Kind, das zunehmend eigenständiger die Welt erforscht, zu einem Kind also, das Fragen stellt und sich Hypothesen ausdenkt, die sich aus seinen vergangenen Erfahrungen herleiten; zu einem Kind, das Antworten sucht und dafür die sozialen und kulturellen Instrumentarien zu nutzen lernt, die ihm sein Umfeld zur Verfügung stellt.«[4]

Für einen Bildungsbegriff, der – mit mehr oder weniger Führung durch den Erwachsenen – die Selbstbildung des Kindes in den Mittelpunkt stellt, wurden in den letzten Jahren sowohl inhaltlich, qualitativ als auch für die Vermittlung neue Standards gesetzt, die in den Bildungsplänen für Kindergärten festgeschrieben wurden (s. S. 37). Auch wenn sie sich in den verschiedenen Bundesländern teilweise unterscheiden, so überwiegen doch die Gemeinsamkeiten, und sie garantieren eine Professionalität in

der Kindergartenpraxis, die allen Kindern ähnliche Bildungschancen ermöglichen soll.

Kompetenzen – die Fähigkeiten, in der Welt zu bestehen

Betrachten wir die Bildungsdiskussion noch aus einer weiteren
Perspektive. Die Ergebnisse der ersten Schul-Pisa-Studie im Jahr
2000 waren, wie gemeinhin bekannt, für unser Land erschre-
ckend. Bei der Analyse der Gründe für das schlechte Abschneiden im internationalen Vergleich zeigte sich, dass auch eine
Neubestimmung der Lernziele und Lerninhalte erforderlich ist.
Faktenwissen zu vermitteln kann angesichts der rasanten Fortschritte in den Wissenschaften und in Zeiten der Mediendomi-
nanz ist nicht mehr vorrangig sein. Und so stehen seit Beginn der
Reformen im Bildungssystem nicht mehr Wissensvermittlung,
sondern die Stärkung kindlicher Entwicklung und kindlicher
Kompetenzen, also Fähigkeiten allgemeiner Natur, im Vordergrund. Das gilt für den schulischen Bereich, aber auch schon für
die vorschulische Bildung.

Nicht nur Fakten bedeuten »Wissen«.

Das Lernen lernen

Wissen organisieren und es sinnvoll nutzen, um Probleme
zu lösen – das ist nunmehr das vorrangige Bildungsziel.
Lernmethodische Kompetenz etablieren – so lautet der
Fachbegriff. Dazu gehört auch die Fähigkeit, eigene Stärken zu erkennen und zu nutzen, mit dem schnellen Wandel in unserer Zeit umzugehen und unbekannte, ja auch
Risikosituationen zu meistern. Denn eines ist klar: Fach-
wissen erlernt man heute nur noch in Teilen fürs Leben –
Lernen wird ein permanenter Begleiter des Lebens sein.

Diese geforderten Fähigkeiten setzen vor allem eines voraus: eine wache, neugierige, selbstverantwortliche Persönlichkeit – die sich durch die Erfahrungen der ersten Lebensjahre herausbildet.

Bildung – wofür?

Unser Land ist vom demografischen Wandel stark betroffen, die Bildung und Ausbildung der jungen Menschen ist nur noch Mittelmaß und zudem stark von der sozialen Herkunft abhängig, ein Großteil des Potenzials bleibt ungenutzt – Potenzial, das wir für eine ökonomisch sichere Zukunft dringend bräuchten. Also müssen die Bildungschancen von Anfang an für alle Kinder verbessert werden. Das ist das Anliegen der Politik – ein gesellschaftlich-politisches Ziel. Bildung ist eine ökonomische Notwendigkeit für die Zukunft des »Standortes Deutschland«. Ökonomen haben errechnet, dass jeder Euro, der in Bildung investiert wird, sich mit 50 %iger Rendite auszahlt. Das bedeutet: Frühe Investition in Bildung verhindert spätere Folgekosten.

Gleiche Bildungschancen, Gerechtigkeit und Integration

Doch zuallererst ist frühe Bildung eine Chance für jedes Kind, die Chance, bei der Einschulung die für einen erfolgreichen Schulbesuch erforderlichen Voraussetzungen und Fähigkeiten zu besitzen, als Voraussetzung für eine gute Ausbildung, einen guten, sicheren Arbeitsplatz und damit wirtschaftliche Sicherheit. Nur wer gut ausgebildet ist, hat in unserer Gesellschaft eine Chance auf beruflichen Erfolg und Teilhabe am gesellschaftlichen Leben. Wenig qualifizierte Arbeitsplätze gibt es immer weniger, die Chancen auf sozialen Aufstieg sind eng an Bildung gekoppelt. So verweisen Fachleute immer dringender auf die enorme Bedeutung von Krippe und Kindergarten für die Bildungsfähigkeit

Studien zeigen eindeutig, dass bereits bei der Einschulung viele Weichen gestellt sind.

gerade benachteiligter Kinder aus bildungsfernen Elternhäusern. Investitionen in frühkindliche Bildung zahlen sich demnach auch ökonomisch vielfach aus – durch weniger Schulabbrecher später, weniger Teenagerschwangerschaften, weniger Kriminaliät und durch höhere Bildungsabschlüsse als Voraussetzung für dringend benötigte Fachkräfte auf dem Arbeitsmarkt. Dabei geht es nicht nur um kognitive, intellektuelle Fähigkeiten, sondern auch um den Erwerb sozialer Kompetenzen, persönlicher Reife, Konzentration und Beharrlichkeit – Eigenschaften, die heute keineswegs mehr in jedem Elternhaus vermittelt werden. Soziale Ungleichheit muss auf diese Weise kein »vererbtes« Schicksal bleiben, wie es in unserer Gesellschaft zunehmend der Fall ist. Frühe Bildung, das zeigen Untersuchungen eindeutig, bietet so die große Chance zum sozialen Wandel, zu etwas mehr Gerechtigkeit und Integration.

Für ein selbstbestimmtes Leben, für Kreativität und Zufriedenheit

Bildung trägt zur Freiheit des Menschen bei.

Doch, und das darf nicht vergessen werden: Bildung vergrößert nicht nur die Chancen auf ein gesichertes Leben, sondern auch auf ein zufriedenes, weil stärker selbstbestimmtes Leben. Sie stärkt den Menschen, sie gibt die Möglichkeit, Lebensziele zu formulieren und Lebensvorstellungen eher umzusetzen. Und sie schenkt in vielen Fällen auch das Bewusstsein, dass materielle Werte nicht das höchste Gut sind.

Und noch ein wichtiger Aspekt verdient Beachtung: Bildung ermöglicht es, Zusammenhänge zu verstehen, sie ermöglicht fundiertes, differenziertes politisches Bewusstsein. Sie ermöglicht, die Komplexität unserer globalen Probleme und Herausforderungen zu erkennen und sozial, ökonomisch und ökologisch bewusst und nachhaltig zu handeln.

Bildung für die Zukunft

Wie die Welt, in der unsere heutigen Kleinkinder in 20,
30 oder 50 Jahren leben werden, genau aussieht, wissen
wir nicht. Noch niemals haben sich Lebensbedingungen
so rasant verändert wie heute und sie werden es in der
Zukunft immer mehr. Wir müssen unsere Kinder daher
auf Wandel vorbereiten, sie Fähigkeiten entwickeln lassen, mit sich, miteinander und mit der Welt in ständigem
konstruktivem Austausch zu bleiben und auf unerwartete
Situationen flexibel und lösungsorientiert zu reagieren.

»Fördern« oder spielen?

Welche große wirtschaftliche Bedeutung frühkindliche Förderung hat, weiß man inzwischen in vielen Ländern. Und vieler-
orts wird nach Modellen zur Optimierung von Erziehung und
Bildung gesucht. China z. B. investiert enorm in die Bildung
seiner Einzelkinder und probiert immer neue Modelle aus. So
können z. B. in privat organisierten Mutter-Kind-Förderkursen
schon Dreijährige chinesische Schriftzeichen lesen und sich mit
komplexen mathematischen Aufgaben beschäftigen – für unsere
Vorstellung von Kindheit und frühkindlicher Bildung ein
Horror, allerdings mit abnehmender Tendenz wie das rasant
wachsende Angebot an Baby- und Kleinkind-Förderkursen
auch bei uns beweist.
Sollte das Kind also in möglichst vielen Bereichen aktiv »gefördert« werden? Natürlich wollen Eltern das Beste für ihr Kind
und ihm die besten Chancen ermöglichen. Und es stimmt, dass
die ersten Jahre so wichtig für Lernprozesse sind. So machen
z. B. in der Zeit von eineinhalb bis drei Jahren Sprachgefühl,

Grammatiksinn, Motorik, Musikalität und soziale Intelligenz die größten Fortschritte. Deshalb ist das Angebot an organisierten Kursen in der Frühförderung inzwischen auch so erstaunlich breit und groß, es gibt neben den schon lange etablierten und bewährten Schwimmkursen für die Kleinsten, den Musik- und Bewegungskursen, inzwischen Sprachkurse, vor allem in Englisch, schon ab drei Monaten oder Babytalk, Kinderyoga u.v.m.

Sind Förderkurse sinnvoll?

Die wertvolle Zeit muss optimal genutzt werden. Und so stehen viele Eltern unter Druck, all die Termine unter einen Hut zu bekommen oder haben ein schlechtes Gewissen, weil sie für ihre Kleinen nicht so viele Kurse belegen wie andere Eltern. Ein nie mehr gut zu machendes Versäumnis, vertanes Zukunftskapital?

Eine »Garantie« für besondere Schulleistungen geben frühe Kurse sicher nicht.

- **Sprache:** Wenn Kinder zweisprachig aufwachsen können, weil beide Eltern eine unterschiedliche Muttersprache sprechen, ist das ideal. Ob aber frühe Sprachkurse ebensolche Vorteile bringen, ist umstritten. Es gibt Bildungsforscher, die meinen, dass Kinder, die Englisch erst in der (Grund-)Schule lernen, Vokabular und Wortschatz schnell aufholen. Denn an eine zweisprachige Umgebung mit all ihren emotionalen Beziehungen und Gefühlsnuancen können Sprachkurse nie heranreichen.
- **Andere Kurse:** Ähnliches gilt auch für andere Kurse. So konnten Entwicklungspsychologen feststellen, dass Kinder, die bestimmte Kurse besucht haben, anderen Kindern in diesen Aktivitäten etwas voraus waren, aber nicht in der gesamten Entwicklung.
  Im Vordergrund all dieser Kurse sollte der Spaß stehen, die sozialen Kontakte, die Freude, etwas Neues auszuprobieren.
- **Bewegung:** Zu empfehlen sind im Allgemeinen Kurse, die die Bewegung fördern, denn die Motorik (Bewegungserfahrung)

ist unverzichtbar für die weitere geistige Entwicklung, und an ausreichend Bewegungsmöglichkeiten fehlt es heute leider vielen Kindern.

- **Familiäre Umwelt:** Es gibt unter Psychologen teilweise auch die Meinung, dass solche Kurse mehr den Eltern als den Kindern nutzen, weil die Eltern dabei lernten, ihr Kind besser zu beobachten und sie Sicherheit gewännen. Viele Fachleute sind der Ansicht, dass eine anregende familiäre Umwelt ausreiche, um ein Kind in seiner Entwicklung optimal zu fördern. Das intensive Miteinander mit Personen, denen sie fest vertrauen, ist die Grundlage für Lernprozesse, weil Lernen in diesem Alter in erster Linie an Emotionen geknüpft ist, und vor allem an Neugier und Freude.

Spielen ist Lernen

Im Alltag wird das Kind zum Problemlösen und Selbst-Denken angeleitet – denn frühkindliches Lernen ist eben nicht Faktenwissen, Auswendiglernen oder das Nachvollziehen vorgegebener Lösungsschritte. Das ganze Kind ist in diesem Lernprozess gefordert, mit allen Sinnen, keineswegs nur sein »Kopf«. Die intellektuelle Leistung, der Wissenszuwachs steht dabei immer in einem Prozess der ganzheitlichen Erfahrensweise. Dieses Lernen erfolgt neben dem aktiven »Mittun« des Kindes vor allem im Spiel, das sich zunächst ja wesentlich aus der Nachahmung speist.

»Das Spiel ist die Arbeit des Kindes«, meinte die Pädagogin Maria Montessori.

Ist es für ein Dreijähriges nicht das Schönste, dem Vater beim Putzen zu helfen? Empfindet es dieses Tun etwa als Arbeit? Oder der Mutter beim Reparieren des Fahrrads?

Kinder wollen »tun«, selbstbestimmt und am besten wie die Großen, sie wollen allein ausprobieren und experimentieren – und sie lernen dabei.

Vom nachahmenden Spiel zum Symbolspiel

Experimentieren, Mittun, Spielen – die Grenzen lassen sich nicht definieren. Kinder erwerben neue Fähigkeiten und Informationen durch spielerisches Tun, das selbstbestimmt ist. Dabei gibt es ganz unterschiedliche Formen des Spiels, die sich nach und nach altersgemäß entwickeln. Wenn Sie diese Spielformen und ihre Bedeutung kennen, können Sie Ihrem Kind hier in den entscheidenden Phasen hilfreiche Anregungen geben.

Entdeckendes Spiel Im Explorationsspiel nutzt das Kind zunächst die Sinne, um neue Erfahrungen zu machen, im relationalen (sinnstiftenden) Spiel werden später Dinge entsprechend ihrem Verwendungszweck benutzt, z. B. ein Feuerwehrauto zum Löschen eines imaginären Feuers. Im Symbolspiel schließlich steht ein Gegenstand für etwas anderes, z. B. ein Ziegelstein als Herd.

Einzelspiel Alle Kinder spielen außerdem zunächst allein. Das Einzelspiel wandelt sich dann zum Parallelspiel (neben Gleichaltrigen spielen) und zum Nachahmungsspiel (das Gleichaltrige einschließen kann). Sobald Kinder lernen, Spielsachen zu teilen, beginnt das gemeinsame Spiel. Damit entwickeln sich im Spiel nach und nach auch soziale und kommunikative Fähigkeiten – alles wichtige Lernprozesse, die im Spiel automatisch ablaufen und es weiterführen.

Abstraktionsspiel Das Spiel bedeutet Forschen und Erwerb neuer Fähigkeiten, die unverzichtbar für die körperliche und emotionale Gesundheit sind. Es lehrt, dass Kommunikation Spaß macht, und es motiviert Kinder, auf vielfältige Weise zu kommunizieren. Sie lernen dabei Abstraktion, z. B. dadurch, dass Gegenstände für andere Dinge stehen können (eine leere Schachtel z. B. für ein Boot, ein Haus, ein Auto). Die Fähigkeit zu assoziieren und Fantasie einzusetzen liegt wiederum dem Spracherwerb zugrunde.

Veränderte Lebensbedingungen

Die Kleinfamilie und die insgesamt niedrige Kinderrate haben
die »Individualisierung« der Kindheit mit sich gebracht. Kinder,
die früher Nachmittage lang mit anderen auf der Straße oder im
Hof spielten, hatten nicht nur Spaß und Bewegung, sondern teil-
ten Wissen und Erlebnisse. Sie brachten einander Gelerntes bei
und schulten dabei auch ihre soziale Kompetenz. Kinder waren
damit in ihrer »Vorschulbildung« weit weniger abhängig vom
Elternhaus und kamen mit einem ähnlichen Erfahrungsschatz
und Vorwissen zur Schule.

Enorme Unterschiede zu früher

Heute sind der Wissens- und Erfahrungsunterschied sowie der
Bildungsunterschied zwischen gleichaltrigen Kindern bei der
Einschulung enorm. Er kann durch die Schule nicht mehr ausge-
glichen werden.
Da gibt es Kinder, die die ersten Lebensjahre weitgehend vor
Fernsehen und Computer zubrachten, und andere, die schon
fortgeschritten Geige spielen, viel von der Welt gesehen und
manches Museum besucht haben, die über elaborierte Sprache,
Problemlösungstechniken, Arbeitstechniken, Detailwissen und
Selbstsicherheit verfügen und wieder andere, die kaum die
Grundsätze des menschlichen Umgangs miteinander kennen …
Gerade das oben ausgeführte Erfahrungslernen, das die ersten
Lebensjahre prägt, ist im Medienzeitalter keineswegs mehr die
Regel. Dauerberieselung durch den Fernseher, zur Abwechslung
Action an der Playstation, dazwischen rudimentäre Anweisun-
gen zur Verständigung – das ist keine Überzeichnung, sondern
Realität für gar nicht so wenige Kinder.
Betroffenen Kindern fehlt es nicht nur an grundlegendem All-
tagswissen, sondern auch an der oft genannten Neugier und

**Das Medienzeit-
alter hat die Kind-
heit verändert.**

Lernlust und deren Voraussetzungen: Konzentrationsvermögen, Anstrengungs- und Motivationsbereitschaft. Allerdings sind diese Kinder dafür nicht verantwortlich, sondern sie sind die Leidtragenden.

Das Zusammenwirken von Familie, Kita und Gesellschaft

Das Elternhaus ist der erste und wichtigste Lernort.

Die Familie ist der Hafen und der Hafen des Kindes. Hier gedeiht und entwickelt es sich, hier werden alle seine Bedürfnisse gestellt – im Idealfall. Hier erhält das Kind seine wichtigsten Anregungen, hier erfährt es zuallererst Aufmerksamkeit und lernt – hoffentlich – Aufmerksamkeit schenken und entwickeln.

Untersuchungen haben gezeigt:

Die Familie hat eindeutig den größeren Einfluss auf Entwicklungs- und Bildungsprozesse von Kindern als Kindergarten und später Schule.

So beruhigend das für Sie als bewusste Eltern klingt – für viele benachteiligte Kinder darf es nicht so bleiben, dass das Bildungsniveau des Elternhauses ausschlaggebend für die Bildungschancen des Kindes ist.

Da jedoch nicht nur in Familien, die unter schwierigen Bedingungen leben, sondern auch in »ganz normalen« Familien Erziehung heute ein schwieriges Geschäft ist und auch »bildungsnahe« Eltern Unterstützung verdienen, kommt den öffentlichen Bildungsträgern zunehmend Bedeutung zu. Denn es zeigte sich, dass eine zusätzliche Förderung in Institutionen die kognitive Entwicklung aller Kinder unterstützt – auch wenn Kinder aus Familien mit sozialen Problemen besonders davon profitieren.

Frühe Bildung – eine Überforderung des Kindes?

Die Argumente für frühe Bildung scheinen stichhaltig und über-
zeugend. Doch noch während die neuen Bildungsansprüche erst
»auf dem Wege« sind, lassen sich bereits kritische Stimmen ver-
nehmen.
Vom »Verschwinden der Kindheit« sprach der Medienkritiker
Neil Postman bereits in den 1980er-Jahren in Zusammenhang
mit dem Fernsehen – manches davon ist nur allzu wahr. Verschwinden nun die letzten Inseln des TV-freien Spielraums im
Kindergarten in zwar als »frei und selbstbestimmt« konzipier-
ten, letztlich aber doch geplanten Bildungsprozessen – die Ziel-
orientierung ist bereits durch die Bildungspläne, durch die Anforderungen der Beobachtung und Dokumentation (s. S. 48 f.)
gegeben – anstelle des »zweckfreien« Spiels?

Warnungen vor Leistungsdruck

Studien aus den USA, wo angesichts eines späteren harten schulischen und beruflichen Wettbewerbs die ursprünglich ebenfalls
auf Förderung der Neugier und der sozialen Fähigkeiten ausge-
richtete Vorschulzeit – nicht zuletzt auf Druck der Eltern – immer stärker zum Wissensdrill wird, alarmieren: Die Zahl der
verhaltensauffälligen Vorschulkinder steigt. Ist das der Preis der
zu intensiven frühen Bildungsanforderungen oder Folge einer
Generation kaum mehr sozialisierbarer Medienkids aus zer-
rütteten oder wohlstandsverwahrlosten Familien?
Diese Warnungen vor Leistungsdruck und die Kritik, dass der
Druck zur frühkindlichen Bildung aus den Problemen des res-
taurierungsbedürftigen Schulsystems herrührt, sollten durchaus
gehört werden.
Es wird darauf ankommen, dauerhaft sicherzustellen, dass frühkindliche Bildung nicht mit schulischem Lernen verwechselt und

**Leistungsdruck
kann schwer-
wiegende Folgen
haben.**

gleichgesetzt wird – zu unterschiedlich sind die Wahrnehmungs- und Denkprozesse, als dass dies erfolgreich sein könnte. Das kognitive Denken ist noch nicht ausgeprägt (s. S. 20 und S. 44). Bestehen hier falsche Erwartungen – auch von Seiten der Eltern – mit früher Fixierung auf »Leistungsergebnisse«, so ist die Überforderung gewiss.

Werden demgegenüber die individuelle Persönlichkeit des Kindes und sein eigenes Tempo berücksichtigt, besteht weniger die Gefahr, dass ein neues »Bildungsprogramm« allen Kindern »übergestülpt« wird – so wie vor 20 Jahren, als im Kindergarten nur »frei gespielt« werden durfte und jede intellektuelle Förderung eines Kindes verpönt war.

Von einem Extrem ins andere?

Nicht jedes Kind ist gleich, früher wie heute.

Diese Gefahr ist durchaus gegebenen. Differenzierte Angebote, Möglichkeiten zur freien Entwicklung – es wird in der Verantwortung und Sensibilität der Erzieherinnen liegen, im Kindergarten in diesem Sinne jedem Kind gerecht zu werden.

Als Eltern haben Sie das beste Gespür für die Bedürfnisse, die Entwicklung und das Tempo Ihres Kindes. Vor dem Hintergrund der in diesem Kapitel ausgeführten Grundlagen des frühen Lernens können Sie sich getrost auf Ihren Instinkt und Ihr Gespür für Ihr Kind verlassen. Schenken Sie ihm die Sicherheit und Geborgenheit, die es braucht. Gewiss schaffen Sie ihm dann eine förderliche Umgebung.

Aber versuchen Sie nicht, Ihr Kind an Normen und Erwartungen anzupassen, sondern seien Sie offen für das, was Ihr Kind einfordert. Meinen Sie nicht, Ihrem Kind durch möglichst viele Kurse die besten Bedingungen zu sichern – das gelingt Ihnen mit Zuwendung, gemeinsamen Erlebnissen, mit Gesprächen und Entdeckungen viel besser.

Elementarbildung in Krippe und Kindergarten

Im Kindergarten hat sich Grundlegendes gewandelt: Während bislang die Betreuung im Vordergrund stand, ist nun die Bildung in den Fokus gerückt. Damit wurde die gesamte pädagogische Arbeit neu definiert und um wichtige Bereiche erweitert. Auch die Eltern sollen bestmöglich in den Kindergartenalltag einbezogen werden.
Welche Überlegungen und Konzepte hinter diesen Veränderungen und den Bildungsplänen stehen, wird in diesem Kapitel erläutert. Wenn Ihnen als Eltern die Grundlagen der heutigen Kindergartenpraxis vertraut sind, dann haben Sie die Chance, konstruktiv teilzuhaben am Kindergartenalltag Ihres Kindes und seine frühe Bildung zu Hause über seine Lernprozesse im Kindergarten hinaus zu ergänzen.

Der Auftrag der Kindertageseinrichtungen

Betreuung, Erziehung, Bildung des Kindes – das ist die ureigens-
te Aufgabe der Eltern – und der Kindertagesstätten. Während
Eltern über diese theoretischen Begriffe kaum nachdenken und
diese Aufgaben instinktiv und miteinander verzahnt erfüllen,
hat in der Kindergartenpädagogik in den letzten Jahren ein
Paradigmenwechsel stattgefunden.

Betreuen, Erziehen, Bilden.

Bis Ende des letzten Jahrhunderts standen Betreuung und Erziehung mit dem Schwerpunkt der Förderung des sozialen Mit-
einanders in der Kindergruppe im Vordergrund des Kindergar-
tenalltags – Bildung dagegen wurde vorrangig als Sache des
Elternhauses betrachtet. Heute nun werden neue Konzepte entwickelt, die den Bildungsauftrag in den Mittelpunkt stellen. Die
Themen »Bildung« und »Frühförderung« sind zentraler Angel-
punkt geworden.

Bildung hat Vorrang

**Herkunft und sozia-
len Zugehörigkeit
dürfen nicht ent-
scheidend sein.**

Damit bei allen Kindern Talente möglichst breit gefördert wer-
den und um nicht nur beim Vorhandensein von Plätzen, sondern
vor allem bei der Professionalität der Betreuung an europäische
Standards anzuknüpfen, wurden in den Bundesländern sog.
»Bildungspläne« zur Verbesserung und Weiterentwicklung der
Bildungsarbeit in Tageseinrichtungen für Kinder erarbeitet.
Ähnliche Pläne gab es in den östlichen Bundesländern zur
Zeiten der DDR bereits als Erziehungspläne.
In den alten Bundesländern war die pädagogische Arbeit da-
gegen durch Leitideen und Konzeptionen bestimmt. Der Kinder-
gartenkonzeption lag – und liegt weiterhin – in der Regel eine
bestimmte pädagogische Fachrichtung zugrunde, die die Arbeit
mit den Kindern prägt, z. B. situativer Ansatz, Waldorf-,
Montessori-, Reggio-Pädagogik. Zudem gab es auch früher

schon staatliche Vorgaben für die Träger der Einrichtungen. Im Vordergrund stand jedoch die soziale Entwicklung, die Entwicklung der Gruppenfähigkeit der Kinder – vorwiegend im Freispiel als Mittelpunkt der Kindergartenpädagogik.

Bildung und Erziehung wurden früher als Sache der Familie angesehen.

Was sind Bildungspläne?

Bildungspläne legen fest, wie frühkindliche Bildung in den Kindertagesstätten in Deutschland aussehen sollte. Das bedeutet auch, dass anstelle des »reinen« Spiels ein neues Bildungsverständnis der Arbeit in den Kindergärten zugrundeliegt.
Die Bildungspläne benennen und definieren die verschiedene Bereiche der Bildungsarbeit in Zusammenhang mit den kindlichen Entwicklungsfeldern, sie zeigen deren Bedeutung für die kindliche Entwicklung auf, bieten Anregungen zur pädagogischen Arbeit und formulieren Ziele für die entsprechende Bildungsarbeit. Damit bieten sie den pädagogischen Fachkräften, aber auch den Eltern Orientierung und schaffen die Grundlagen für eine gleiche, aber doch individuelle Förderung jedes Kindes, bei der Begabungen ebenso erkannt werden wie mögliche Schwächen und damit gegebenenfalls ein frühzeitiger Förderbedarf.

Die Bereiche der Elementarbildung

Die Bildungspläne in Kindertageseinrichtungen sind nach verschiedenen Bereichen gegliedert, die für die Persönlichkeitsentwicklung und Sozialisation des Kindes wichtig, aber in den einzelnen Bundesländern unterschiedlich formuliert bzw. abgetrennt sind. Was z. B. in Niedersachsen unter »Emotionale Entwicklung und soziales Lernen« gefasst wird, erscheint in Rheinland-Pfalz unter »Gestaltung von Gemeinschaft und Beziehungen«.

Die Bildungspläne umfassen folgende Bereiche:

- Körper, Bewegung, Sinne, Gesundheit
- Rhythmik, Musik
- Spiel
- Sozialverhalten, Normen und Werte
- Kommunikation und Sprache
- Bauen, künstlerisches Gestalten
- Natur und Naturerleben, Ökologie
- Naturwissen, Mathematik, Technik

bzw. den
- sprachlichen Bereich
- emotionalen Bereich
- sozialen Bereich
- Bereich der Bewegungserziehung
- Bereich von Körper und Ernährung
- kognitiven Bereich
- religiösen Bereich
- musisch- kreativen Bereich
- Bereich der geschlechtssensiblen Erziehung

Die Bildungspläne berücksichtigen alle Bereiche der kindlichen Entwicklung.

In diesen Bereichen sollen die Kinder lernen, Fähigkeiten, die bei einzelnen Tätigkeiten erworben wurden, auf andere Aufgaben und Probleme übertragen. Dabei kann man trotz dieser Systematisierung die Bildungsbereiche nie wirklich getrennt voneinander betrachten; sie sind vernetzt, fließen im Alltag immer ineinander und beeinflussen sich wechselseitig.

Im Folgenden werden verschiedene Bereiche stichpunktartig beleuchtet. Bitte beachten Sie, dass je nach Bundesland in Ihrem Bildungsplan etwas andere Formulierungen gelten, andere Schwerpunkte, Inhalte und Zielsetzungen bestehen können. Die konkrete Umsetzung dieser Richtlinien im Kindergartenalltag ist die Aufgabe des jeweiligen Fachpersonals.

Haben Sie Anteil am Kindergartenalltag!

Mit dem Wissen um diese Bildungsbereiche und Inhalte
können Sie mit Ihrem Kind zu Hause konkret über seine
Erfahrungen ins Gespräch kommen, Sie können selbst
feststellen, ob in Ihrem Kindergarten vielfältig nach diesen Plänen gearbeitet wird und in welcher Weise Ihr Kind
davon profitiert – und Sie können ihm zu Hause selbst
entsprechende Angebote machen (siehe ab S. 65 ff.).

Körper, Sinne, Bewegung erleben

In den ersten Jahren sind für das Kind Körpererfahrungen zentral, die es zum einen von außen durch Sinneseindrücke, Pflege
oder Zärtlichkeiten, zum anderen aber auch aus dem eigenen
Körper erfährt, wie z. B. Hunger. Dieses zu erleben, auszuleben
und sich bewusst zu machen ist der erste Schritt zur Entwicklung von Gesundheitsbewusstsein.
Kinder lernen zunächst die Bedeutung ihres Körpers kennen,
und sie verstehen, dass sie ihren Körper pflegen müssen, um ihn
gesund zu erhalten. Sie lernen, welche Ernährung, welche
Getränke und Speisen in welchen Mengen und zu welchen
Zeiten ihrem Körper gut tun, sie sollen ein gesundes Hunger-
und Durstgefühl entwickeln, und sie erfahren, dass man Krank-
heiten heilen kann.
Sie lernen auch, wie wichtig Bewegung für die Gesunderhal-
tung ist. Bewegung ist in der frühen Kindheit der wesentliche
Motor für eine gesunde Entwicklung. Die Körpererfahrungen
sind damit auch Grundlage der kognitiven Entwicklung (s. Piaget S. 20).

Die Ausbildung der Feinmotorik

Neben der Grobmotorik gilt die Aufmerksamkeit auch der Ausbildung der Feinmotorik (siehe auch Gestalten). Dabei werden
auch Ausdauer und Konzentration gefördert.

Sinne – die Antennen zur Welt

Körper und Sinne sind untrennbar miteinander verbunden.
Babys und Kinder nehmen ihre Umwelt vorrangig über ihre
Sinne wahr. Die Sinnesorgane und die Wahrnehmung spielen
für die kognitive Entwicklung wie auch für die Entwicklung
der Sprache (z. B. Hörfähigkeit) eine grundlegende Rolle.
Die Schulung der Sinne und der Wahrnehmung nimmt daher
einen zentralen Teil im Kindergartenalltag ein, ohne dass dies
besonderer Anregung oder Angebote bedarf. Im Erforschen,
Ausprobieren, Experimentieren im Alltag, in der Natur, durch
kulturelle Erlebnisse, in der Kunst usw. machen Kinder Sinneserfahrungen, sie gehen handelnd damit um und eignen sich über
diese Erfahrungen Wissen an.
Sämtliche Sinne werden möglichst in gleicher Weise berücksichtigt – der Hörsinn z. B. durch klangliche Erlebnisse, durch
Sprachspiele, durch Musik in kindgerechten Formen, auch kom-
biniert mit Tanz und anderem künstlerischem Ausdruck. Das
Lauschen, Spüren, Beobachten wird ebenso in Darstellung, in
Ausdruck umgesetzt.

> **Über die Sinne und die Bewegung erschließt sich ein Kind die Welt.**

Die logische Folge von Wahrnehmung

So zeigt sich gerade am Beispiel der Sinne sehr deutlich,
wie die verschiedenen Bildungsbereiche ineinander-
fließen, dass also z. B. Gestalten, ästhetischer Ausdruck,
untrennbar mit Wahrnehmung verbunden sind.

Soziale und emotionale Beziehungen entwickeln

Gemeinschaftsfähig werden, sich zugehörig fühlen und das soziale Miteinander gestalten können – all das ist Voraussetzung für ein erfolgreiches und zufriedenes Leben, und es muss früh eingeübt werden. Dazu wird zunächst der Bezug zu den eigenen Gefühlen hergestellt, die Kinder werden angeleitet, eigene Gefühle bewusst und differenziert wahrzunehmen, sie zuzulassen, zu benennen und mit ihnen in konstruktiver Weise umzugehen und sie zu beherrschen. Erst auf dieser Basis können sie allmählich auch die Gefühle anderer verstehen und respektieren und das Denken und Handeln der Mitmenschen allmählich nachvollziehen. Auch Mitgefühl entwickelt sich auf diese Weise. Für die Entwicklung von sozialer und emotionaler Kompetenz sind Gruppenerlebnisse und Freundschaften Voraussetzung, aber auch das bewusste Fühlen und die Verbalisierung von Gefühlen, wie Freude und Trauer, Angst und Geborgenheit, Unruhe und Muße, Schmerz und Glück. Die Kinder lernen sich selbst zu entdecken, eigene Bedürfnisse zu äußern und sie entwickeln eigene Interessen. Auf diese Weise entsteht Identität. Im Umgang mit anderen erfahren Kinder, dass man vieles nur oder besser gemeinsam tun kann. Sie lernen Rücksicht zu nehmen, aber auch sich durchzusetzen, Streit zu schlichten, Konflikte zu lösen, Enttäuschungen auszuhalten und Hilfe anzunehmen, in alltäglichen Situationen, aber auch in Projekten, durch Bücher u.v.m. Die Kinder lernen dabei, verschiedene Perspektiven einzunehmen und kulturelle Vielfalt zu erleben.

Sinn, Werte und Religion erfahren

Allerorts wird der Wertverlust unserer Gesellschaft beklagt, verbindliche Normen fehlen zunehmend, Pluralität steht an oberster Stelle – und ist ja durchaus eine Bereicherung. Doch eine Gesellschaft braucht auch Orientierung und Kinder in ganz besonderer Weise. Werte, Toleranz und Richtlinien für ethisches Handeln sind die Grundlage, auf der die Sinnhaftigkeit des

Zur Ausbildung der Persönlichkeit gehört ein Wertgefüge dazu.

Lebens erwächst. Kinder brauchen Hilfe, um eigene Werte zu entwickeln bzw. Werte für sich übernehmen.

Die Wertorientierung eines Kindergartens ist bereits vielfach in der Trägerschaft integriert bzw. durch den pädagogischen Ansatz (s. S. 36) bestimmt. Ethische Grundsätze werden dann im Alltag entwickelt und gelebt. Dazu gehört auch die Umwelterziehung und die Frage, wie sich eine lebenswerte Zukunft gestalten lässt. Neben allgemeinen ethischen Werten spielt auch Religion eine wichtige Rolle, die Fragen nach Ursprung und Ende, nach dem Warum und Wohin. Religiöse Feste und Traditionen strukturieren unseren Jahreskreis und werden im Kindergarten gelebt. Das schließt die Pluralität unterschiedlicher Religionen und kultureller Hintergründe keineswegs aus.

Spiel, Gestaltung, Musik, Kreativität ausleben

Das Spiel ist Grundlage vieler kindlicher Lernprozesse.

Kinder kennen keinen Unterschied zwischen Arbeit und Spiel, d. h. zweckgerichtetem und scheinbar zweckfreiem Tun in unserem Sinne (s. S. 46). Da die Bildungsbereiche im spielerischen Tun umgesetzt werden, taucht das Spiel auch nicht explizit in jedem Bildungsplan auf, sondern wird als Grundlage des kindlichen Lernprozesses, als Vermittlungsform vorausgesetzt. Ähnliches gilt für den Bereich Gestalten oder den musisch-kreativen Bereich, manchmal auch Bauen und Gestalten genannt. Jedes kreative Gestalten ist initiiert durch sinnliche Wahrnehmung und wird wiederum über die Sinne ausgedrückt. Sprechen wir daher besser von Ästhetik und Kreativität als zwei wesentlichen Bereichen der Elementarpädagogik. Dabei kommt der Ästhetik schon lange hohe Bedeutung zur Förderung von Wahrnehmungs-, Erkenntnis- und Selbstbildungsprozessen zu. Durch seine Zeichnungen setzt das Kind Zeichen in die Welt, sie sind von Anfang an Ausdruck seiner Erfahrungen. Beim Zeichenprozess kann das Kind seine Erfahrungen, d. h. Wahrnehmungen ordnen, strukturieren. Dies entspricht der kognitiven Regelbildung und stellt den Beginn von Bildung dar.

Die Bedeutung der Kreativität als Problemlösungskompetenz wird dagegen erst jetzt zunehmend gefördert. Kinder sind von Natur aus kreativ und gehen unverbildet von bestehenden Kategorien Dinge an, sie schaffen neue Ausdrucksformen und finden dank ihrer Vorstellungskraft neue Lösungen. Dieser Fähigkeit durch vielfältige Materialangebote, durch thematische Projekte und freiem Spiel Raum zu schaffen ist Aufgabe von Kindergarten – und Elternhaus.

Sprache und Kommunikation fördern
Gute sprachliche Kompetenz gilt als Basis jeder weiteren Wissensvermittlung in der Schule sowie der sozialen Entwicklung. Bei guten Umfeldbedingungen vollzieht sich der sehr komplexe Sprachlernprozess ganz von selbst. Sprache ist sehr stark mit Emotionalität verbunden, sie braucht Zuwendung, Eingehen auf das Kind, Blickkontakt. Das sprachliches Vorbild ist zentral für den Spracherwerb.

Das Kind braucht vielfältige Sprechanlässe, es muss sich einlassen können auf Sprache.

Der Besuch des Kindergartens wirkt sich bei beinahe allen Kindern positiv auf die Sprachentwicklung aus, denn hier ist die Sprache das wichtigste Kommunikationsmittel.

Anders als zu Hause

Die Erzieherin versteht nicht wie die Eltern die besonderen nonverbalen Äußerungen und Forderungen des Kindes. Auch für den Umgang und das Spiel mit anderen Kindern ist die Sprache grundlegende Voraussetzung. Auf diese Weise erfolgt ganz automatisch Sprachförderung.

Daneben hat die gezielte Sprachförderung einen hohen Stellenwert im Kindergarten, gerade weil viele Kinder Defizite haben. Diese Förderung erfolgt zum einen durch viele Spiele, die durch

Sprache begleitet werden, wie Bewegungsspiele, Fingerspiele, Rollenspiele, sowie durch das Singen und durch Reime und Verse. Die Unterstützung der Sprachentwicklung in allen Bereichen des Alltags, aber auch eine gezielte Sprachförderung gehören daher zu den vorrangigen Aufgaben der Erzieherinnen. Dafür existiert eine Vielzahl von Ansätzen und Materialien für bestimmte Altersgruppen oder altersübergreifend, für Wortschatzaufbau, Grammatik, phonologische Bewusstheit usw. Kreative Sprechanlässe, vielfältige Gesprächssituationen im Spiel, Sprach- und Sprechspiele werden von Kindern gern aufgegriffen. Alltagserfahrungen werden sprachlich begleitet und die Förderung der Sprachkompetenz fließt letztlich in alle Bildungsbereiche ein.

Die sprachliche Verständigung zwischen Kindern, bei der auch Konflikte durch Sprache gelöst werden müssen, ist ebenfalls ein wichtiger Aspekt der Sprachförderung im Kindergarten.

Wichtig ist, dass die Ganzheitlichkeit von Sprache und Kommunikation beachtet wird.

Kognitive Entwicklung und Denken anregen

Denken und Wahrnehmen sind, wie schon mehrfach ausgeführt, eng miteinander verbunden. Ein deutlicher Schritt in der kognitiven Entwicklung ist das Erkennen der Kausalität – der Zusammenhang von Ursache und Wirkung. Kinder erfahren diesen Zusammenhang durch Ausprobieren, durch Experimentieren. Das beginnt bereits mit sechs Monaten. Aus diesen Erfahrungen bildet sich das Kind Regeln. Diese Regelbildung bestimmt dann wesentlich die kognitive Entwicklung, immer in Wechselwirkung mit Erfahrungen. Der Spracherwerb ist natürlich ein wesentlicher Schritt zur Ausbildung des kognitiven Denkens, das dann in den Warum-Fragen wiederum einen wesentlichen Schritt vollzogen hat und sich dann, ab etwa vier Jahren, zur Hypothesenbildung weiterentwickelt.

Das Denken vollzieht sich beim Kind zunächst einmal ganz wesentlich in Bildern. Die Förderung dieses Denkvermögens besteht damit darin, dem Kind Raum und Möglichkeit für

Erfahrungen, aus denen es sich sein Bild von der Welt erschafft und Regeln ableitet, zu bieten sowie ihm den Ausdruck solcher Bilder zu ermöglichen.

Kinder sollen ihre Ideen und Gedanken zum Ausdruck bringen können. Das bedeutet, dass das Kind zum Hinterfragen angeleitet wird, dass es vor allem Gehör und Antwort findet. Auch das Philosophieren, das Erschließen von Gedanken im Gespräch, ist dazu hervorragend geeignet (s. S. 121).

Die kognitive Entwicklung ist, da sie auf Erfahrungen basiert, natürlich eng an alle anderen Bildungsbereiche gebunden. Dieser Zusammenhang wird im Kindergarten selbstverständlich gesehen. Das kognitive Denken wird durch das Verbalisieren von Erfahrungen, das Suchen von Ursachen und Überlegen von Folgen in allen Bereichen, vom künstlerischen Ausdruck bis vor allem hin in den mathematischen und naturwissenschaftlichen Bereich entwickelt.

Mathematik und Naturwissenschaften

Von der Notwendigkeit einer »naturwissenschaftlichen Alphabetisierung« in unserem Lande sprechen Bildungsexperten. Und tatsächlich fristen die Naturwissenschaften und die Mathematik in Deutschland – im Vergleich zu manch anderem Land – eher ein Stiefkinddasein. Nicht lesen zu können ist absolut inakzeptabel, aber in Mathe schwach zu sein, das ist kein Stigma.

Naturwissenschaftliches Denken muss sich entwickeln können.

Viel zu abgehoben?

Jahrzehntelang haben in unserem schulischen System nicht mehr die Naturphänomene im Vordergrund gestanden, sondern die Naturwissenschaft, mathematisiert und in Formeln gepackt. In der vorschulischen Erziehung kam dieses Thema eigentlich gar

Die Phänomene der Natur verstehen wollen: Das ist Naturwissenschaft.

nicht mehr vor bzw. die Naturphänomene wurden unter dem Aspekt der Naturwissenschaften gesehen und damit als schulische Inhalte definiert. Sie gehörten nicht in das Kindergartenkonzept, das bis um die Jahrtausendwende frei von »Lernen« sein sollte.

Die natürliche kindliche Neugier an Naturphänomenen wurde damit im Keim erstickt und die konkreten Grundlagen für späteres naturwissenschaftliches Denken nicht geschaffen. Und so kam es, dass viele Schüler in den weiterführenden Schulen mit Physik, Chemie, Biologie und höherer Mathematik massive Probleme und kein Interesse daran haben, weil die anschaulichen Grundlagen im Alltag nicht gelegt worden sind, das Tun als Voraussetzung für die Abstraktion nicht erfahren worden ist.

Die Welt ergründen

Dabei ist unser alltägliches Leben von Naturwissenschaft bestimmt. Und dies entspricht der ureigensten Neugierde jedes kleinen Kindes, wenn es beginnt, sich die Welt zu erschließen, die Geheimnisse der Welt zu ergründen, die Warum-Fragen zu stellen: Warum ist der Himmel blau, warum ist das Essen heiß …? Heute wird so dem kindlichen Interesse an Naturphänomenen entsprochen, es wird genutzt – ohne es verwissenschaftlichen zu wollen.

Kinder sind Forscher.

Die Aufgabe des Kindergartens besteht heute darin, die Kinder in die Phänomene und Gesetze der Natur einzuführen und dazu ihre Bereitschaft zum Wahrnehmen, Staunen, Untersuchen aufzugreifen und auszubauen.

Das Erforschen ist eine Tätigkeit, die genau dem Tun des Kindes entgegenkommt: Es sieht etwas, es staunt und will die Sache untersuchen, mit allen Sinnen, es will den Gegenstand ergründen und ausprobieren, was passiert wenn … und sich so eine Erklärung schaffen. Das bedeutet, Kausalität zu erkennen.

In unserer heutigen Welt ist es Kindern aber nicht mehr oft möglich, Grunderfahrungen mit Naturphänomenen sozusagen nebenbei, im täglichen Spiel und Miteinander draußen und drinnen zu machen. Wahrnehmen – Beobachten – Staunen – Untersuchen – Zerlegen – Ausprobieren und Experimente machen – vielleicht Modelle herstellen – Geduld haben – nach Erklärungen suchen und diese verbalisieren – all dies sind Methoden naturwissenschaftlichen Vorgehens. Dabei werden diese Methoden in der Kita nicht vermittelt im Sinne von »gezeigt«, sondern die Kinder entwickeln sie selbst, indem sie sich dem Entdecken, dem Forschen hingeben. Sie entwickeln ihre Forscherpersönlichkeit, sie sind neugierig, beharrlich, sie trauen sich etwas zu und gehen die Dinge kreativ an – auch im gegenseitigen Austausch und gemeinsamen Erproben. Das entwickelt und stärkt nebenbei auch soziale Fähigkeiten und die so wichtige Teamfähigkeit.

Kinder wollen den Dingen auf den Grund gehen.

Mathe im Alltag

Mathematik ist zuallererst konkret und hat mit Handeln zu tun, die »höhere Mathematik«, die vielen bislang ein Buch mit sieben Siegeln geblieben ist, steht auf einem anderen Blatt. Um sie sich anzueignen, müssen wir zunächst mathematisch denken und handeln lernen. Nicht nur Zahlen sind Mathematik, und mathematisches Grundwissen besteht keineswegs darin, die Zahlenreihe aufsagen zu können. Mathematik basiert auf Struktur und Mustern. Sie ist letztlich das Paradebeispiel für den Schritt vom Konkreten zum Abstrakten. Denn »6« zum Beispiel gibt es »an sich« nicht. Es verstecken sich immer sechs Dinge dahinter, eine Menge also.

Diesen Schritt vom Konkreten zum Abstrakten, von der anschaulichen Menge zur bloßen Zahl im Kopf, muss jedes Kind durch eigene Erfahrungen machen. Auch Mathematik wird also nicht bloß »gelehrt«, sondern zuallererst »erfahren«. Durch Erfahrungen mit Mengen, Mustern und Strukturen erwerben Kinder die Basis des mathematischen Denkens.

Vorläuferfähigkeiten des mathematischen Denkens

- Sortieren, Ordnen, Klassifizieren
- Formen, Muster, Symmetrien erkennen
- Körper, Räume, Raum-Lage-Beziehungen
- Zählen, Zahlen, Messen

Konkrete Handlungen müssen bewusst gemacht und reflektiert werden.

Entsprechende spielerische Angebote zur Entwicklung dieser Fähigkeiten werden in Kitas, z. B. in Form des »Zahlenlandes«, aber auch bei verschiedensten Aktivitäten im Kindergartenalltag gemacht. Dazu gehören z. B. Sortieren von Gegenständen nach Farbe und Größe in verschiedene Behälter, oder aufsteigend nach der Größe, das Herstellen von Mustern, z. B. beim Auffädeln von Perlen für eine Kette, das Vergleichen dieser Muster und das Bestimmen der Länge der verschiedenen Ketten. Diese wohl schon immer im Kindergarten durchgeführten Beschäftigungen werden heute ausgebaut durch weiterführende Fragestellungen, z. B. »Kann eine kürzere Kette mehr Perlen haben als eine längere?« Und schon muss das Kind eine bisherige automatische Vermutung revidieren, dass nämlich etwas, das länger ist, automatisch auch mehr Elemente enthält. Solche Erfahrungen bedeuten mathematisches Erkennen und Denken und ebnen den Weg zu Abstraktion.

Beobachtung und Dokumentation

Der Weg ist das Ziel – unter diesem uns Erwachsenen wohlbekannten Motto kann man vereinfachend den modernen Bildungsanspruch subsumieren. Es wird nicht Wissen vermittelt, sondern Lernprozesse werden initiiert und Lösungswege gesucht.

Das Kind steht im Mittelpunkt

Es gibt zunächst kein »Richtig« oder »Falsch«. Damit werden unterschiedliche Vorgehensweisen als gleich »wertvoll« betrachtet. Das Kind steht im Mittelpunkt, nicht die Aufgaben oder Leistungen, die es erbringen muss.

Um die besondere Vorgehensweise jedes Kindes wahrzunehmen und festzuhalten und im Laufe der Zeit seine besondere Lernweise und Lernresultate festzuhalten, kommen der Beobachtung und Dokumentation zentrale Bedeutung zu. Dies ist gerade deshalb so bedeutsam, da jedes Kind in seiner Individualität gesehen wird, es keine Leistungsvorgaben gibt und es zudem primär auf Lernprozesse statt auf Ergebnisse ankommt.

Um dennoch Lernfortschritte zu erkennen, ist die genaue Beobachtung des Kindes durch die Erzieherin in regelmäßigen Zeiträumen erforderlich. Die dabei gemachten Beobachtungen – bei denen strenge Kriterien der Objektivierung beachtet werden müssen – werden für jedes Kind dokumentiert. So entstehen Lerntagebücher, Portfolios o. a., die die Entwicklung des Kindes über Jahre hinweg aufzeigen. Um hier Professionalität zu gewährleisten, müssen alle Fachkräfte nach gleichen Grundsätzen pädagogischen Handelns, Beobachtens und Dokumentierens vorgehen.

Die Lernprozesse des Kindes werden individuell dokumentiert.

Im Idealfall beginnt diese Dokumentation in der Krippe und setzt sich bis in die Grundschule – und darüber hinaus – fort. Nicht nur für die Fachkräfte, sondern auch für die Eltern und die Kinder selber sind diese Dokumentationen wertvolle, sehr aussagekräftige und spannende Einblicke in die Entwicklung, auf deren Basis nötigenfalls auch ein Hilfe- bzw. Förderbedarf fundiert ermittelt werden kann.

Bildung unter drei – worauf es ankommt

Bildung, Erziehung und Betreuung sollen allen Kindern von Anfang an auf standardisiertem Niveau möglich sein. Dabei stellt sich natürlich auch die Frage, ob eine frühe Fremdbetreuung tatsächlich für alle Kinder von Nutzen ist und vor allem – welche Voraussetzungen erfüllt sein müssen, damit die »Seele« der Kleinsten keinen Schaden nimmt. Wie kann gewährleistet werden, dass die Besonderheiten der frühkindlichen Bedürfnisse – eben nicht nur im Hinblick auf Lernprozesse, sondern auch nach Bindung und Sicherheit – geachtet werden?

Bindung und Sicherheit – Grundlage jeder Entwicklung

Damit sich ein Baby und Kleinkind entwickeln kann, braucht es eine sichere Bindung – in aller Regel besteht diese zu den Eltern. Erst wenn Babys und Kleinkinder Sicherheit und Vertrauen in ihre festen Bezugspersonen besitzen, sind sie bereit, sich in neue, unbekannte Situationen zu begeben und sie sind »frei« für den Erwerb von neuen Fähigkeiten, die zunehmende Selbstständigkeit ermöglichen.

Die Bindungstheorie unterscheidet dabei zwischen verschiedenen Formen der Bindungsqualität, die jeweils abhängig sind von der Verfügbarkeit und Sensibilität der Eltern und die weitreichende Konsequenzen für die soziale sowie die Persönlichkeitsentwicklung hat.

Ein Kleinkind braucht in der Krippe eine sichere Beziehung zu den Betreuungspersonen.

Da also gefühlsmäßig bedeutsame Beziehungen die Basis für das Lernvermögen des Kindes sind, liegt ein Schwerpunkt in der Überlegung, welche Bedingungen in einer Krippe erfüllt sein müssen, ob und wie solche Bindungen in der Fremdbetreuung entwickelt und sichergestellt werden können. Man weiß heute, dass Babys und Kleinkinder durchaus neben der ersten Bindung – in der Regel zu den Eltern – weitere Bindungen an Erzieherin-

nen eingehen können. Dabei ist die Qualität ebenso wie bei der Elternbindung vom Verhalten der Erziehungsperson abhängig, sie hat weitreichende Auswirkungen auf die Entwicklung des Kindes.

Aus diesem Grunde kommt dem Thema »Frühkindliche Bindung« bei der »Bildung unter drei« absolute Priorität zu. Dass Erzieherinnen hier fundierte Kenntnisse besitzen und entsprechend handeln, ist für das Wohlergehen und die Lernprozesse des Babys und Kleinstkindes mit Sicherheit von höherer Bedeutung als jede noch so wertvolle »Förderung«.

Vorteile durch die Krippe?

Wie sich eine frühe Krippenerziehung langfristig auf die Kinder in ihrer gesamten Persönlichkeit auswirkt, ist nicht eindeutig geklärt und hängt immer auch stark von der Qualität der verschiedenen Betreuungs- und Erziehungsangebote sowie dem Zusammenwirken und der Balance zwischen Elternhaus und Einrichtung ab. Eine Chance besteht allerdings, so viel ist nachgewiesen, darin, dass eine qualitativ hochwertige Betreuung die kognitve und sprachliche Entwicklung fördert.

Die Frage, ob es durch eine frühe außerfamiliäre Betreuung Entwicklungsvorteile gibt, lässt sich bislang nicht definitiv klären. Untersuchungen zeigten sogar: Je mehr Stunden die außerfamiliäre Betreuung in den ersten Lebensjahren umfasste, umso mehr Problemverhalten zeigte sich in der Schule.[5]

Eindeutig scheint aber auch, dass Kinder aus sozial benachteiligten Familien von einer Intensivbetreuung in kleinen Gruppen profitieren.

Ein genereller »Vorsprung« für alle Kinder lässt sich aber kaum postulieren, zumal kognitive Fähigkeiten von anderen Kindern im Kindergartenalter schnell nachgeholt werden; dies gilt auch für das soziale Miteinander. Dies bedeutet andersherum, dass

Eltern, die ihre Kinder in den ersten Jahren selbst betreuen, keine Sorge haben müssen, diese würden etwas »verpassen«.

Ohne Zweifel gilt:

Die Qualität der Bindung, die Schaffung einer Umgebung, in der das Kleinst- und Kleinkind sich unter Berücksichtigung seiner speziellen Lernweise frei entfalten kann sowie eine sprachliche und kommunikative Förderung sind ebenso zu Hause und ohne großen Aufwand möglich. Sie machen im Grunde gerade das Wesen einer guten Eltern-Kind-Beziehung aus.

Und wo bleibt die Erziehung?

Erziehung und Bildung – wie passt das zusammen, gehört es vielleicht sogar zusammen? Gibt es eine Erziehung, die Bildungsprozesse fördert? Diesen Fragen, die für Eltern zentral sind, wird in diesem Kapitel nachgegangen.

Die Erziehung, das werden wir sehen, ist nicht nur die Grundlage der Entwicklung, sondern auch der Lern- und Bildungsprozesse. Der Grundstein für eine erfolgreiche Bildungsbiografie wird in der Familie gelegt und ist im Wesentlichen eine Frage der Erziehung – nicht der »Wissensvermittlung«.

Bildung und Erziehung – eine Einheit

Erziehungsgrundsätze unterscheiden sich heute von Eltern zu
Eltern, sie unterscheiden sich insgesamt in vieler Hinsicht von
der Erziehung in den 1950er- und 1960er-Jahren. Der autoritäre
Erziehungsstil steht nicht mehr zur Diskussion – oder doch wieder leise hie und da? Der antiautoritäre ist sowieso kein Thema
mehr, oft ist von einem autoritativen die Rede, der sich sehr
bewähren würde. Ein neuer Trend postuliert, Kinder bräuchten
gar keine Erziehung – geht das überhaupt, wo die Haltung des
Erwachsenen dem Kind doch immer etwas »mitteilt«, ihm Vorbild ist?

Erziehungskurse haben derzeit Hochkonjunktur.

Angesichts dieses Dschungels an Erziehungsbegriffen, Maximen
und Theorien ist die Verunsicherung der Eltern groß. Und was
bedeutet nun noch der Anspruch frühkindlicher Bildung für die
Erziehungsarbeit von Eltern und Betreuer konkret?

Die Aneignung der Welt

Im Verständnis der modernen Pädagogik wird Erziehung als
Begleitung, als Beziehung, als Unterstützung des Kindes verstan-
den, wobei ihm bestimmte Werte und ein Instrumentarium zur
Weltaneignung und zur Entfaltung der eigenen Persönlichkeit
vermittelt werden.
Erziehung ist damit immer ein Einwirken auf andere mit der
Absicht, bestimmtes Handeln zu veranlassen. In erster Linie
erfolgt Erziehung durch das Vorbildverhalten der das Kind
umgebenden Erwachsenen sowie durch die Schaffung entsprechender Lebensbedingungen und erst in zweiter Linie durch
Anweisung, Instruktion, Wissensvermittlung und Regeln.
Erziehung, das wurde in der Vergangenheit vielfach stillschwei-
gend vorausgesetzt, ist vor allem eine Sache der ersten Lebensjahre bis zum Schuleintritt, während danach die Bildung im

Vordergrund steht. Es steht heute außer Frage, dass Kinder bis über die Pubertät hinaus auf Erwachsene angewiesen sind, die ihnen durch Erziehung Orientierung bieten, dass sie sich aber von Anfang an auch selbst bilden.

Die Verzahnung von Erziehung und Bildung zeigt sich schon darin, dass es in vielen Sprachen nur einen Begriff für beides gibt, wie z. B. im Englischen: education.

Erziehungsgrundsätze und Bildungsansprüche sind immer untrennbar miteinander verwoben. Soll sich ein Kind zu einem eigenständig denkenden Menschen entwickeln, begleite ich ihn anders, als wenn er zu striktem Gehorsam ohne eigene Willensbildung erzogen werden soll.

Wenn jedoch Erziehung und Bildungsprozesse so eng miteinander verwoben sind, welche Erziehungshaltung ist dann der Entwicklung des Kindes im Sinne einer »Forscherpersönlichkeit« mit Problemlösungskompetenz, wie sie unsere heutige Welt braucht, förderlich?

Die kindliche Selbstbildung von Anfang an

Die Entwicklung aktiv begleiten

Bildung wird heute als multifaktoriell bestimmter Prozess gesehen, den das Kind selbst mitbestimmt und vorantreibt. Aber die Persönlichkeit des Kindes entscheidet nicht nur über seine Neugierde, seine Lernlust, die aktive Aneignung der Welt und damit die Bildungsbiografie, sondern auch mit über die Erziehung.

Das Temperament und der Charakter des Kindes haben im Zusammenspiel oder Kontrast zum elterlichen ebenfalls Einfluss auf die Art und den Erfolg des erzieherischen Handelns der Eltern – und Erzieher.

So können Eltern mit mehreren Kindern oftmals feststellen, dass ihre Erziehungshaltung beim einen Kind problemlos funktioniert und ein erfolgreiches Miteinander schafft, beim anderen jedoch immer wieder auf Widerstand stößt und unerwartete

Erziehung ist nie eine »Einbahnstraße«.

Erziehung und Bil-
dung ist immer
eine Interaktion mit
Wechselwirkung.

Reaktionen ihrerseits provoziert. Individuell auf das einzelne Kind einzugehen ist eine große Herausforderung für die Eltern. Es gibt bestimmte Grundsätze, aber es gibt keine allgemeingültige »Handlungsanweisung« zur bestmöglichen Förderung von Kindern.

Ermutigung zum Handeln

Erziehung ist aktive Entwicklungsbegleitung, die zum selbstständigen Entscheiden und Handeln befähigt.[6] Das bedeutet, dass kein »Erziehungsprogramm« auf das Kind gestülpt wird, keine »Erziehungsmaßnahmen« angewandt werden, sondern dass das selbst aktive Kind begleitet wird und nur dann eingegriffen wird, wenn es vom Kind eingefordert wird. Der Erziehende beobachtet das Kind und ermutigt es zum eigenständiges Entdecken. Das Kind bekommt nicht gesagt, »was es zu tun hat«. Die notwendige Orientierung im Sinne der Wertvermittlung und der Vermittlung sozialer Kompetenzen erhält es durch das Vorbildverhalten und die gelebten Werte des begleitenden Erwachsenen.

In diesem Sinne wird heute oft lieber von erzieherischem Handeln gesprochen und zwar einem Handeln, das die Persönlichkeit stärkt, zur Selbstständigkeit hinführt sowie Neugierde und Selbstbestimmung zulässt und fördert.

Ein historischer Rückblick

Der heutige Bildungsbegriff stellt den Gedanken von der Selbstbildung des Kindes, dem »selbsttätigen« Kind in den Mittelpunkt – und klingt damit sehr modern. Ein Blick in die Geschichte zeigt, dass solche Überlegungen bereits von großen Pädagogen des 19. Jahrhunderts begründet wurden – und den

pädagogischen Konzepten (s. S. 36 ff.) entsprechender Kindergärten auch heute noch zugrunde liegen.

Zwar wurden Kinder bis in die Neuzeit hinein als kleine Erwachsene ohne spezielle Bedürfnisse angesehen, aber dennoch gab es auch immer wieder Überlegungen zur Erziehung, Betreuung und Förderung von Kindern, bis sich diese Überlegungen im 19. Jahrhundert in den Gedanken von Pädagogen wie Pestalozzi oder Fröbel konkretisierten. Seit dieser Zeit wird die Kindheit als eine eigene Lebensphase betrachtet; das Vorschulkind geriet nun immer stärker in den Mittelpunkt pädagogischer Vorstellungen und Theorien. Zentrale Bedeutung kam in diesem Zusammenhang auch den gesellschaftlichen Verhältnissen und dem sozialen Umfeld des Kindes zu. Dieses Zusammenspiel von Erziehung und Bildung findet sich damit bereits bei den großen Pädagogen vergangener Jahrhunderte, deren Gedanken bis heute weitergeführt werden.

Eine dieser Persönlichkeiten war Johann Heinrich Pestalozzi (1746–1827), der bereits für eine Elementarbildung eintrat. Er wollte »den Menschen stärken« und ihn befähigen, »sich selbst helfen zu können«. Die grundlegende Bildung des Kindes sollte in diesem Sinne schon vor der Schule in der Familie beginnen. Im Sinne eines ganzheitlichen Ansatzes sollten die intellektuellen, sittlichen und handwerklichen Fähigkeiten des Kindes umfassend gefördert werden.

Johann Heinrich Pestalozzi

Von zeitloser Aktualität: Fröbel und Montessori

Friedrich Fröbel (1782–1852) hat die Idee der Volkserziehung, ausgehend von Pestalozzi, umgesetzt und gründete 1840 in Deutschland den »Kindergarten« als Einrichtung für Kinder aller Schichten und Religionen. Er gilt als »Vater« des deutschen Kindergartens und hat eine grundlegende Kindergartenpädagogik auf der Basis der Selbsttätigkeit und Selbstbestimmung

Friedrich Fröbel

geschaffen. Im Gegensatz zu den vereinzelt existierenden Kinderbewahranstalten sollten die Kinder im Kindergarten durch das freie Spiel in ihrer Entwicklung ganzheitlich gefördert werden. Wissensvermittlung, Anschaulichkeit, Lebensnähe und Selbsttätigkeit waren die zentralen Ansprüche Fröbels. Er hat das Bild des aktiven, sich selbst bildenden Kindes geprägt, das noch heute Gültigkeit besitzt und damals revolutionär war.

Selbsttätigkeit und Selbstbestimmung

Fröbel vertrat bereits den Gedanken, dass man das Kind selbst aktiv werden lassen muss und nur als Beobachter zur Seite stehen soll. Damit bestimmte er bereits wesentliche Themen der Bildungsdiskussion bis heute, wie die frühe Kindheit als Bildungszeit, das selbsttätige Handeln des Kindes beim Bildungsprozess, den Einsatz von Spiel- und Beschäftigungsmaterialien, die die Ordnung der Wirklichkeit einführen u.a.

Maria Montessori

In diesem Zusammenhang sei auch Maria Montessori genannt, die diese Vorstellung von der Selbsttätigkeit des Kindes in den Mittelpunkt ihrer Pädagogik stellte. Die 1870 in Italien geborene Ärztin, Anthropologin und Pädagogin ging davon aus, dass jedes Kind in seinem Streben nach Autonomie eine Art »inneren Bauplan« hat, entsprechend dem es sich durch Eigenantrieb und Selbsttätigkeit entwickelt. Dabei gibt es »sensible Phasen«, in denen Kinder bestimmte Fähigkeiten so gut lernen wie zu keiner anderen Zeit. Sie sah ihre Pädagogik als Hilfe an, um Kinder bei der Stärkung und Festigung ihrer eigenen Fähigkeiten zu unterstützen. »Hilf mir, es selbst zu tun« ist daher einer ihrer wichtigsten Grundsätze der Erziehung zur Selbstständigkeit, die immer Hilfe zur Selbsthilfe ist. Aufgabe der Eltern ist es, dem

Kind zu helfen, sein Potenzial zu entfalten und ein selbstbe-
stimmter Mensch zu werden. Durch eigenes Tun erwirbt das
Kind Selbstständigkeit und damit auch Selbstvertrauen, die
wichtigsten Eckpfeiler für sein Leben. Zudem ging Maria Montessori bereits davon aus, dass das Lernen in den ersten Lebensjahren vor allem über die Sinne erfolgt. Deshalb hat sie für
Sinneserfahrungen bestimmte Materialien entwickelt, durch die
das Kind grundlegende Eigenschaften der Umgebung lernt.

Beziehung und Bindung

Diese beiden Begriffe stehen für die Grundpfeiler der ersten
Lebensjahre. In der Entwicklungspsychologie spricht man
davon, dass das Baby von Geburt an das Bedürfnis nach Bindung, Kompetenz und Autonomie hat.

Die Förderung der Kompetenz braucht Orientierung und damit Struktur und Regeln.

- Bindung bedeutet, dass es enge zwischenmenschliche Beziehungen eingehen, sich sicher gebunden fühlen und sich selbst
  als liebesfähig und liebenswert erleben kann (s. S. 70).
- Kompetenz meint, dass das Kind in der Lage ist, wirksam mit
  der Umwelt in Interaktion zu treten und dabei positive Ergebnisse erzielen und negative verhindern kann.
- Unter Autonomie versteht man die freie Bestimmung des eigenen Handelns und die selbstbestimmte Interaktion mit der
  Umwelt, also die zunehmende Selbstbestimmung des Kindes.[7]

Für die Erziehung bedeutet dies, dass der Umgang mit und die
Beziehung zum Kind von Freude und Interesse, von Zuwendung
und Feinfühligkeit geprägt sein muss. Diese Erziehungshaltung
setzt die emotionale und zeitliche Verfügbarkeit voraus. Die
Bedürfnisse des Babys werden wahrgenommen und zuverlässig
erfüllt. Auf dieser Basis werden seine eigenen Bemühungen, mit
der Umwelt in Kontakt zu treten, durch Kommunikation und
Erkunden in einer sicheren Umgebung ermutigt.

Fit für die Zukunft: die wichtigsten Erziehungsgrundsätze

Zuallererst ist es Ihr Wunsch als Eltern, dass Ihr Kind eine glückliche Kindheit und Jugend hat und einmal ein zufriedener Mensch wird, der in sich selbst ruht und zur selbstbestimmten Lebensgestaltung und zum Glück fähig ist. Das darf über all der Bildungsdiskussion nicht in den Hintergrund geraten und auf keinen Fall dürfen Leistungsgedanken die frühe Kindheit überschatten.

Selbstständigkeit und Eigenverantwortlichkeit fördern

Wenn Sie Ihr Kind zur Selbstständigkeit erziehen, sein Selbstvertrauen stärken, seine sozialen Kompetenzen fördern, dann wird es einen offenen Zugang zur Welt haben, mit dem es sich ganz selbstverständlich immer wieder Neues erschließt und damit immer weiter lernt. Dazu geben Sie Ihrem Kind in einer kindgerecht gestalteten Umgebung die Möglichkeit, die Fertigkeiten des täglichen Lebens zu erlernen und einzuüben. Im Spiel können sie vertieft werden. Das Bedürfnis des Kindes, selbstbestimmt zu handeln, zeigt sich auch im Rollenspiel, das Sie ebenfalls, z. B. durch Bereitstellung von entsprechenden Requisiten, fördern können.

Überlassen Sie Ihrem Kind die Führung

Geben Sie Ihrem Kind nicht vor, was es tun muss, sondern beobachten Sie, was es tut, und greifen Sie nur helfend, unterstützend und wegweisend ein, wenn es darum bittet oder gar nicht mehr weiterkommt. Und das geschieht am besten durch Hilfestellung und nicht durch Lösen der Aufgabe.

Ausdauer und Beharrlichkeit entwickeln

Um selbstständig zu werden, braucht man Durchhaltevermögen und Beharrlichkeit. Um Selbstwertgefühl und Selbstvertrauen zu erwerben, muss Ihr Kind lernen, sich anzustrengen, selbst gesteckte Ziele zu erreichen und sich auch einmal durchzubeißen. Wenn Sie ihm etwas zutrauen, wird es sich auch selbst trauen. Misserfolge gehören dazu, schließlich lernen wir alle aus Fehlern. Das Gefühl, es dann trotzdem geschafft zu haben, ist unersetzlich. Daraus entsteht das so grundlegende Selbstwertgefühl. Hüten Sie sich vor dem »Verwöhnen« des Kindes, nehmen Sie ihm keinesfalls alles ab.

Werte, Orientierung und Grenzen vermitteln

Selbstständig werden kann ein Kind aber nur, wenn es bestimmte Regeln und Werte hat, an denen es sich orientieren kann und die ihm gleichzeitig Grenzen vorgeben, innerhalb derer es sich frei entfalten kann. Während solche Werte früher durch Religion oder Gesellschaft vorgegeben waren, gestaltet heute jeder sein Leben in vielen Bereichen nach eigenen Wertvorstellungen, die sich an seinem persönlichen Glücksstreben orientieren.

Doch das gesellschaftliche Miteinander basiert auf Verantwortung, auf Gerechtigkeit, persönlichem Einsatz und Sorge füreinander. Kinder müssen ein Gespür für richtig und falsch entwickeln. Wir müssen sie zu moralischem Handeln erziehen. Sie sollen wissen, wie sie sich verhalten und wie sie mit den täglichen Anforderungen fertig werden können. Sie müssen lernen, was es heißt, für sich, für die Mitmenschen, für die Umwelt und die Gesellschaft verantwortlich zu handeln. Auch das gehört zur Bildung – vielleicht als wichtigstes Bildungsziel.

Diese Werte übernehmen Kinder in erster Linie von den Eltern – und anderen Betreuungspersonen – durch deren Vorbildverhalten (s. S. 64).

Unverzichtbare Werte

Zu den Werten, die heute unverzichtbar sind, und die im Kern auch von den großen Weltreligionen vermittelt werden, gehören Respekt, Ehrlichkeit, Fairness, Verantwortungsbewusstsein, Anteilnahme, Freundschaft, Friedfertigkeit und die Fähigkeit, an etwas zu glauben. Auch Toleranz und Leistungsbereitschaft sowie ein positiver Umgang mit den Mitmenschen, der auf Achtung basiert, gehören dazu. Respekt ist die Grundlage eines förderlichen Kommunikationsverhaltens.

Gefühle wahrnehmen und zulassen

Gefühle spielen für das Lebensglück, aber auch für Lernerfolge, eine entscheidende Rolle. Wie ein Mensch sein Leben bewältigt und sein Potenzial entfaltet, hängt stark von seiner emotionalen Intelligenz (EQ) ab. Menschen mit hohem EQ können nicht nur mit eigenen Gefühlen umgehen, sie können auch die Gefühle anderer wahrnehmen, nachvollziehen und darauf reagieren. Zunächst soll ein Kind lernen, seine eigenen Gefühle bewusst wahrzunehmen, sie zuzulassen, sie zu leben und darüber zu sprechen. Als Nächstes geht es um den Umgang mit Gefühlen, denn es muss lernen, sie zu handhaben und zu lenken und damit zielgerichtet einzusetzen. Und schließlich lernt es erkennen, was andere fühlen. Es entwickelt Sensibilität und Empathie. Das ist die Grundlage jeder konstruktiven Beziehung.

Über das Verständnis von Gefühlen erwirbt Ihr Kind auch Konfliktlösungstechniken.

Sie können die emotionale Intelligenz Ihres Kindes fördern, indem Sie mit ihm über Gefühle sprechen und es anleiten, die eigenen Gefühle in Worte zu fassen und auch Körperhaltung, Mimik, Tonfall und andere Formen der Körpersprache wahrzunehmen. Dies kann man durch Spiele unterstützen. Hören Sie

Ihrem Kind immer mitfühlend zu und überlegen Sie gemeinsam, wie man mit den jeweiligen Gefühlen umgehen kann und auch, wie sich andere Personen wohl fühlen mögen. Studien zeigen, dass Kinder, deren emotionale Intelligenz gefördert wird, sozial erfolgreicher und gesünder sind und bessere Schulleistungen erbringen.

Humor und Lebensfreude

Vergessen wir eines nicht: Humor und Heiterkeit schaffen Lebensfreude und machen als Grundeinstellung den Erziehungsalltag um vieles leichter. Und Ihrem Kind schenken Sie damit ein wunderbares Fundament fürs Leben.

Humor meint keineswegs, dass man nichts ernst nimmt, sondern dass man erst einmal die positiven Seiten sieht, dass der Alltag getragen wird von Freude am Leben und man manches auch einmal gelassen sieht. Wie oft ist das Familienleben heute durch Anspannung und Stress bestimmt – treten Sie immer mal wieder einen Schritt zurück und sehen Sie das Ganze aus einer entfernteren Perspektive. Dann entsteht eine Atmosphäre, in der Kinder sich auch etwas zutrauen, in der sie Fragen stellen und ihre Meinung sagen können, in der sie ernst genommen werden und keine Angst vor Misserfolg haben müssen.

So erreichen Sie Ihre Erziehungsziele

Ihr Kind entwickelt sich durch Ihre Zuwendung, Verlässlichkeit, Anerkennung und Ihre Liebe. Ihre Erziehung bedeutet, dass Sie ihm auf seinem Weg zur Selbstständigkeit begleitend zur Seite stehen, ihm Werte und Normen vermitteln und es in seiner Individualität achten. Die oben genannten Grundsätze lassen sich durch eine klare Erziehungshaltung, die von folgenden Eigenschaften geprägt ist, erreichen.

Ermutigen und Loben

Ihr Kind möchte selbstständig werden, es strengt sich an und freut sich selbst über seine Erfolgserlebnisse, die für es selbst zunehmende Selbstständigkeit bedeuten. Es möchte aber auch Ihre Anerkennung, es möchte Ihnen gefallen. Und nicht alles wird ihm auf Anhieb gelingen. Daher braucht es Ihre Ermutigung. Es muss wissen, dass Sie sein Bestreben nach Erkunden der Welt unterstützen, und es muss, vor allem wenn es vom Temperament her etwas zurückhaltender ist, auch angeleitet werden, aktiv zu werden.

Für seine Anstrengungen – nicht nur für seine erreichten Leistungen – braucht Ihr Kind Ihr Lob, das aber immer zielgerichtet und wohl dosiert sein sollte. Sagen Sie genau, wofür Sie loben, tun Sie das nicht geistesabwesend »so nebenher«.

Vorbild sein

Das Vorbildverhalten spielt bei der Erziehung eine entscheidende Rolle. Kinder übernehmen und leben das, was sie vorgelebt bekommen. Man spricht dabei auch von Gewöhnung. Das gilt auch für die Einstellung zur Bildung, zum Lernen. Wenn Sie selbst dem Alltag mit einer Offenheit für Neues begegnen, sich aktiv mit dem gesellschaftlichen und politischen Leben auseinandersetzen, die kleinen Herausforderungen des Alltags – seien es kleine Reparaturarbeiten, die Organisation beim Kindergartenfest usw. – gerne annehmen und immer wieder nach neuen Lösungen suchen, dann sind Sie Ihrem Kind ein wunderbares Vorbild. Auch was Beharrlichkeit, Durchhaltevermögen und Geduld sowie die Fähigkeit, sich auf eine Sache zu konzentrieren, betrifft, sind Sie eine wichtige Orientierung für Ihr Kind.

Wie Eltern ihr Kind zu Hause unterstützen können

Frühkindliche Bildung hat schon immer überwiegend im Elternhaus stattgefunden – ohne dass man sich dessen überhaupt bewusst war. Wenn Sie Ihrem Kind eine förderliche Umgebung schaffen, ihm liebevoll und zugewandt begegnen, es aktiv an Ihrem Familien- und Alltagsleben teilnehmen lassen, sein Selbstständigkeitsstreben unterstützen und mit zunehmendem Alter auf seine Fragen und Interessen eingehen, dann sind die entscheidenden Grundlagen gelegt.

Welche Aspekte darüber hinaus noch interessant sind und eine Rolle spielen erfahren Sie in diesem Kapitel.

Das Elternhaus: der erste und wichtigste Bildungsort

Als Eltern haben Sie vielfältige Möglichkeiten, Ihr Kind zu fördern.

Wir haben gesehen, dass der angeborene Drang des Kindes, sich die Welt anzueignen und selbstständig zu werden, der wichtigste Motor für das Lernen ist. Das bedeutet, dass Sie keineswegs Förderprogramme durchführen oder sich selbst besondere Kenntnisse erwerben müssen.

Der wichtigste Bezugspunkt eines Kindes ist und bleibt sein Elternhaus. Hier macht es seine ersten Erfahrungen. Hier findet es in die Welt hinein, hier erfährt es Liebe und Geborgenheit, hier werden Werte vermittelt und vorgelebt, hier beginnt die Charakterbildung und hier erfährt es als Erstes die Bedeutung und Wertschätzung von Bildung. Von Bedeutung ist, dass Sie als Eltern Kenntnis über die frühen Lernprozesse haben und Ihnen bewusst ist, wie wichtig die ersten Lebensjahre, und vor allem schon die ersten drei Jahre, für die Bildung Ihres Kindes sind. Mit ein wenig entwicklungspsychologischem und pädagogischem Grundwissen über die speziellen Lern- und Entfaltungsprozesse und Voraussetzungen im frühkindlichen Alter, wie es in diesem Ratgeber vermittelt wird, erkennen Sie den »Sinn« des natürlichen Handlungsdrangs Ihres Kindes, z. B. den Wunsch nach Selbertun oder die »ewigen« Wiederholungen, und Sie können dies zulassen, auch wenn es manchmal nervt. Denn Kinder lernen immer und überall.

Die beste »Werkstatt«

Das Elternhaus ist der Bildungsort par excellence, mit vielen kleinen »Werkstätten«. Das heißt, Sie müssen keinen besonderen Aufwand treiben, sondern sich nur bewusst machen, wie Kinder lernen, und auf entsprechende Rahmenbedingungen achten.

Lassen Sie Ihr Kind am Familienleben teilnehmen und an Ihren alltäglichen Aufgaben. So viel wie dabei lernt es sonst nirgendwo wieder! Die beste Lernstrategie dazu hat es nämlich »einprogrammiert«!

Nachahmung – die angeborene Lernstrategie

Das Kind erlernt das Leben, die Alltagshandlungen, nicht durch Anweisung, sondern durch Nachahmung, ganz automatisch. Es will so sein wie Sie, die Eltern, es will es Ihnen gleichtun und imitiert daher Ihr Handeln – anfangs in einzelnen Tätigkeiten, später in Rollenspielen.

Ein Kind erwirbt wichtige Lebenskompetenzen bei Alltagshandlungen.

Indem es solche Handlungen immer wiederholt, prägen sie sich im Gedächtnis ein, sie werden automatisiert und bestimmte Gesetzmäßigkeiten erkannt. Daneben erfährt Ihr Kind durch Erkunden immer mehr über Ursache und Wirkung. Durch Ausprobieren, Variieren usw. erkennt es Funktionen und Unterschiede zwischen Dingen. Und dann lernt es in der Auseinandersetzung mit den alltäglichen Dingen und Tätigkeiten allmählich nach Lösungen für Aufgabenstellungen zu suchen. Das Kind erlebt sich als »fähig« und gewinnt an Selbstbewusstsein und Selbstständigkeit.

Die Vorlieben des Kindes

Noch stärker als im Kindergarten kann das Kind zu Hause seinen gerade vorrangigen Interessen nachgehen. Nehmen Sie diese Interessen Ihres Kindes auf; reagieren Sie darauf und versuchen Sie nicht, Ihr Kind zu etwas anderem zu bewegen, weil Sie meinen, dafür sei es nun an der Zeit.

Die Individualität des eigenen Kindes schätzen

Manche Eltern von mehreren Kindern halten es kaum für möglich, dass ihre Kinder Geschwister sein sollen – und Außenstehende manchmal auch nicht. So unterschiedlich sind sie und sollen doch 50 Prozent gleiche Gene haben! Was damit gesagt werden soll: Machen Sie sich kein Bild von Ihrem Kind. Wir alle haben unsere Vorstellungen, wie wir uns unsere Kinder wünschen – manchmal kommt das später ganz gut hin, manchmal werden sie ziemlich anders. Eltern können oft schwer damit umgehen, wenn ihr Kind ein ganz anderes Temperament und andere Interessen hat als sie selber. Doch das Wichtigste, was Sie für Ihr Kind tun können, ist, es so anzunehmen, wie es ist – sehen Sie es als Bereicherung in seinen Facetten. Freuen Sie sich darüber, wie individuell es ist. Dazu gehört auch seine ureigene Weise, sich die Welt anzueignen.

Jungen wie Mädchen wollen sich vor allem ausprobieren.

Nehmen Sie Ihr Kind an, wie es ist!

Manche Kinder sind draufgängerisch, andere eher kontemplativ und wieder andere ziemlich ungeduldig. Natürlich sollen Sie hier durch sanfte Führung ausgleichend wirken. Doch das Grundtemperament können Sie nicht verändern. Achten Sie diese Individualität und berücksichtigen Sie diese auch bei den Spielangeboten.

Jungenförderung – Mädchenförderung

Jungen und Mädchen sollen heute die gleichen Chancen haben. Allerdings gelten Jungen als die neue Problemgruppe in der Schule. Während es lange Zeit als vorrangig galt, Mädchen im

Rahmen der Gleichberechtigung verstärkt zu fördern, haben
junge Frauen heute häufiger Abitur und andere höhere Schul-
abschlüsse als junge Männer. Mädchen haben in unserem
Schulsystem höhere Erfolgschancen. Das hat mit der Didaktik
zu tun, aber auch mit den durchschnittlich besseren sozialen
Kompetenzen und der besseren Sprachbeherrschung. Und auch
hierfür werden die Wurzeln im Kleinkindbereich gelegt. Daher
ist das Thema »Gender« – Geschlechtsbezogene Erziehung und
Sozialisation – ein zunehmend bedeutsames in den Kindergärten. Kurz gefasst bedeutet dies, dass Jungen wie Mädchen
Gelegenheit haben müssen, ganz verschiedene Dinge kennen zu
lernen und nicht von vornherein auf bestimmte Bereiche fixiert
werden dürfen. Dabei gilt es durchaus auch »Unlust« oder gar
»Unwillen« zu überwinden. Denn Kinder, und vor allem
Jungen, werden immer noch früh auf Rollenmodelle festgelegt.
Das ist nicht nur Folge des Elternhauses, sondern vor allem
auch des Medienkonsums und drückt sich in Berufswünschen,
in Kleidung, in Einstellungen, in bevorzugten Tätigkeiten u. v. m.
aus.
Aber natürlich haben Sie als Eltern die Möglichkeit, prägend zu
wirken, gerade weil Sie Ihr Geschlechts- und Rollenmodell
vorleben und auch den Medienkonsum steuern.

Ermutigen Sie auch Ihre Tochter zu »wilden« Spielen.

Hinterfragen Sie Ihr Familienleben einmal kritisch:
* Wollen Sie Ihrem Kind tatsächlich das vermitteln und
  mitgeben, was Sie jeden Tag leben? Oder besser manches
  anders machen?
* Sprechen Sie viel mit Ihren Kindern, vor allem mit Ihrem
  Sohn auch über Gefühle.
* Schulen Sie die Konfliktfähigkeit durch Rollenspiele,
  Gesprächsanlässe usw.
* Melden Sie nicht automatisch Ihre Tochter zum Ballett und
  Ihren Sohn zum Judo an. Vielleicht lassen sich andersherum
  entsprechende Interessen erkennen?

- Stellen Sie nicht nur »geschlechtstypisches« Spielzeug zur Verfügung, sondern allen Kindern Puppen, Kuscheltiere, Kaufmannsladen, Autos, Konstruktionskästen usw.
- Achten Sie auf einen kritischen Umgang mit Medien. Nehmen Sie selbst einmal bewusst wahr, was in Fernsehsendungen, Computerspielen usw. an geschlechtstypischen Verhalten und an Werten vermittelt wird.

Die ersten drei Jahre – Bildungsprozesse zu Hause

Wie bereits auf Seite 59 ausgeführt, ist Bindung die Voraussetzung für Bildungsprozesse. Erst wenn das Kind sich sicher fühlt und in seinen Grundbedürfnissen geliebt und geschützt wird, kann es offen sein für die Welt und die ihm angeborene Bildungskraft entfalten.

Liebe und Geborgenheit

Ein Baby entwickelt sich in jeder Hinsicht am besten, wenn es auf der Basis einer liebevollen Eltern-Kind-Bindung am normalen Familienalltag teilnimmt, in dem seine Bedürfnisse nach Ruhe und Abwechslung respektiert werden und seinem Forscherdrang in gefahrlosem Rahmen Raum gelassen wird. Für die Eltern bedeutet dies eine Entlastung, denn es kommt keineswegs auf eine gezielte Frühförderung im Sinne spezieller Trainingsprogramme an, sondern auf das Erkennen der Bedürfnisse des Babys.

So lernt Ihr Baby und Kleinkind ganz von selbst

Wenn Sie folgende Grundsätze beachten bzw. Bedingungen schaffen, fördern Sie frühe Bildungsprozesse bei Ihrem Kind in bester Weise:

- Schaffen Sie eine sichere, anregende, aber nicht überfordernde Umgebung, in der das Kind ungefährdet eigene Erfahrungen machen kann, Dinge untersuchen usw., ohne zurückgeholt zu werden oder ständig durch ein »Nein« gebremst zu werden. So ermöglichen Sie den aktiven Umgang mit Dingen und Situationen.
- Das bedeutet, dass Ihr Kind auch Raum und Platz hat, um seinen Bewegungsdrang ausleben zu können. Und natürlich gehen Sie mit ihm regelmäßig ins Freie.
- Zeit und Muße sind ein kostbares Gut. Ihr Kind braucht Zeit, um sich zu versenken, um in Ruhe untersuchen und erkennen zu können und durch Handeln Sicherheit zu gewinnen. Schenken Sie ihm dann auch Ihre Zeit für Fragen und Gespräche. Sie können nichts Besseres tun, als Ihrem Kind Ihre zugewandte Zeit zu schenken und mit ihm zu verweilen. Das fördert Ausdauer, Konzentration und Selbstzufriedenheit.
- Lassen Sie Wiederholungen zu, auch wenn Sie dadurch manchmal etwas »genervt« sind. Durch wiederholte Erfahrungen bilden sich »Gedächtnisbahnen«, Vorgänge werden automatisiert und jederzeit abrufbar. Das ist die Voraussetzung für aufbauende Lernprozesse und dient auch der kindlichen Theoriebildung.
- »Überschütten« Sie Ihr Kind keinesfalls mit Angeboten zur Lernförderung usw., sondern lassen Sie es selbst seine Bildung vorantreiben und seine Interessen ausleben.
- Fördern Sie Fantasie und Kreativität Ihres Kindes, indem Sie es auf seine Weise »machen« lassen. Kinder entdecken alles neu, sie haben neue Zugangsweisen. Verbauen Sie diese nicht durch Belehrungen wie »So macht man das« .

Unterstützen Sie das Mitmachen Ihres Kindes.

- Kreativität fördern Sie auch durch die Bereitstellung »offener«, vielseitig einsetzbarer Materialien unterschiedlicher Beschaffenheit.
- Sie kennen das: Ihr Zweijähriges putzt mit Hingabe, es will Blumen gießen usw. Lassen Sie das unbedingt zu, beteiligen

Sie es an Alltagsaufgaben wann immer möglich. Dabei lernt es nicht nur die Tätigkeit, sondern auch Zusammenhänge. Es lernt Struktur und Abläufe. Und es hat Freude an seiner eigenen Leistung.

Sprechen Sie viel mit Ihrem Kind.

- Fördern und achten Sie die Selbstinitiative Ihres Kindes. Lassen Sie es möglichst oft selbst entscheiden, was es tun will.
- Ermöglichen Sie Kontakte mit anderen Kindern, sowohl gleichaltrigen als auch älteren. Kinder lernen durch Beobachten und Nachahmen – und zwar gern auch von anderen Kindern. Sie orientieren sich an ihnen, und sie lernen dabei, sozial und verbal zu interagieren, können mit ihnen Fantasie und Kreaivität ausleben und Gemeinsamkeit erleben.
- Fördern Sie Selbstständigkeit in jeder Hinsicht, denn damit einher geht die Ausbildung von Selbstsicherheit und Selbstbewusstsein.
- Achten Sie auf eine bewusste, konsequente Erziehungshaltung im Sinne von Beziehung und Begleitung (s. S. 54).

Wenn Sie diese Grundsätze beachten, sind gezielte Förderkurse in diesem Alter mit Sicherheit überflüssig (s. S. 28 und S. 54). Einige Spielideen für zu Hause bereichern den Alltag allerdings durchaus und bieten eine bewusste Förderung in einzelnen Bereichen.

Ganzheitlich die Welt erleben

Anregungen und Spielideen für das erste Lebensjahr

Spannende Sinneserfahrungen

Damit sich die Sinne entfalten können, müssen ausreichend Reize, d. h. Informationen, vorhanden sein.

- Für das Sehen sind z. B. Fotos und Mobiles im Blickfeld des Babys eine gute optische Anregung.
- Das Hörvermögen wird durch liebevolle Ansprache, Kinderlieder oder auch klassische Musik gefördert.

- Der Geruchs- und Geschmackssinn wird durch Alltagsdüfte entwickelt.
- Den Tastsinn Ihres Babys können Sie z. B. durch das Fühlenlassen unterschiedlicher Texturen (Wolle, Seide, Fell) sensibilisieren.
- Das Greifen und gleichzeitig das Fühlen fördern Sie, wenn Sie dem Baby kleinere Gegenstände verschiedener Form und unterschiedlicher Materialbeschaffenheit in die Hand geben. Vielfältige Erfahrungen bieten »Tastsäckchen« – kleine, aus unterschiedlichen Stoffen selbst genähte Säckchen, die Sie mit Sand, Reis, Murmeln usw. füllen.

Schmuse- und Berührungsspiele

- Im Einklang: Legen Sie sich auf den Rücken, und nehmen Sie Ihr Baby auf den Bauch (am besten ist direkter Hautkontakt). Atmen Sie im Rhythmus mit dem Baby ein und aus, heben und senken Sie dabei deutlich den Bauch – die perfekte Über-einstimmung.
- Spürst du das? Legen Sie Ihr Baby nackt auf den Bauch. Streicheln Sie es von Kopf bis Fuß mit langen Bewegungen – erst hauchzart, dann jedes Mal ein kleines bisschen fester, so lange es Ihrem Baby angenehm ist.

Schaukel- und Bewegungsspiele

- Lassen Sie Ihr Baby möglichst oft ohne Windel spielen. Das Strampeln stärkt Muskeln und Gelenke und es ermöglichst ihm ein besonderes Körpergefühl.
- Flugzeug: Legen Sie Ihr Baby bäuchlings auf einen Unterarm; mit der anderen Hand halten Sie zwischen seinen Beinen hindurch seinen Bauch. Das Baby hat nun freie Sicht, und Sie können es herumtragen und auch einmal – ruhig und vorsichtig – wie ein Flugzeug um sich herumfliegen lassen.
- Schaukeldecke: Legen Sie Ihr Baby in Rückenlage auf eine Decke. Nun fasst die Mutter die Decke an beiden oberen

Enden, der Vater an beiden unteren. Achten Sie darauf, dass Ihr Baby sicher in der Decke liegt und nicht herausrollen kann. Wenn es sich wohl fühlt, beginnen Sie die Decke vorsichtig hin und her zu schaukeln – ein Spiel, das mit zunehmendem Alter immer größeren Spaß macht.

Greifspiele

- Was ist denn das? Stülpen Sie einen großen Plastikbecher oder eine Socke über den Fuß des Babys. Es wird sich bemühen, dieses Teil herunterzuziehen.
- Ballspiel: Mit fünf oder sechs Monaten wird Ihr Baby einen großen Wasserball halten können und ihn zu Ihnen rollen. Die Zeit der Ballspiele hat begonnen!

Krabbelspiele

- Ich bin ein Hund, ich bin eine Katze: Ein wunderschönes Krabbelspiel: Sie krabbeln auf allen Vieren, spielen Hund oder Katze. Sanft schleichen Sie um Ihr Baby, scharren dann heftig, bellen oder miauen. Irgendwann bellt der »Baby-Hund« zurück, beide Hunde spielen miteinander oder jagen sich.
- Autospiel: Mit viel Motorengebrumm krabbeln Sie auf allen Vieren durch die Wohnung, legen sich scharf in die Kurve … Baby krabbelt bald hinterher.
- Krabbelfangen: Das Prinzip dieses Spiels begreift Ihr Kind schon im Krabbelalter – also fangen Sie es krabbelnd ein.

Die geistige Entwicklung unterstützen

Die geistige Entwicklung ist in den ersten Lebensmonaten in besonderer Weise mit den Sinnesanregungen und Körperbewegungen verbunden (s. S. 39 f.). Daher stellt die Förderung der Sinne und der Beweglichkeit in diesem Alter gleichzeitig die beste intellektuelle Förderung dar.

- Neugierde stillen: Geben Sie Ihrem Baby immer wieder unterschiedliche – sichere – Gegenstände in verschiedenen Formen und Farben zum Erkunden.
- Beschreiben Sie jeweils die Dinge, und erzählen Sie auch sonst immer, was Sie gerade tun.
- Machen Sie es auf die verschiedensten Dinge in seinem Blickfeld aufmerksam: das Bild an der Wand, die Pflanze am Fenstersims, das Muster des Teppichs …
- Sie können mit Ihrem Baby bereits erste Bilderbücher mit großen Abbildungen betrachten.
- Demonstrieren Sie Ihrem Kind, welche Geräusche man mit welchen Dingen machen kann (Rassel, ein mit Reis gefüllter Becher, eine Zeitung, zwei Löffel …).
- Zeigen Sie Ihrem Baby, wie ein Gegenstand unter einem Tuch verschwindet und dann plötzlich wieder da ist.
- Bilden Sie gemeinsam mit Ihrem Baby Laute. Brabbeln Sie mit ihm nach Herzenslust.

Erste Experimente
- Lassen Sie Ihr Kind erste »Experimente« machen: Mit dem Löffel in den Brei patschen – toll, wie es spritzt!
- Mit einem dicken Pinsel erste Striche auf ein Stück Papier tupfen …
- Geben Sie ihm verschiedenste Utensilien, und lassen Sie es damit hantieren.
- Umfüllen und Schütten machen Ihrem Baby einen Riesenspaß!
- Hineinstecken und Herausholen – z. B. einen Löffel in einen Becher – sind faszinierend.
- Mit einem Kochlöffel auf den Topf schlagen, mit einem Bauklotz über den Tisch ratschen … Auf diese Weise erfährt Ihr Baby viel über Ursache und Wirkung.

In Sprache baden

Auch wenn Ihr Baby im ersten Lebensjahr noch nicht »richtig« sprechen wird, so ist dieses erste Lebensjahr entscheidend wichtig für die Sprachentwicklung, die vom Zeitpunkt der Geburt an im Austausch mit den Eltern beginnt. Studien belegen, welche Langzeitwirkung es auf die Intelligenz des Kindes hat, wenn Eltern viel mit ihrem Baby reden: Mit drei Jahren und auch wiederum mit neun Jahren schneiden Kinder, die in den ersten Wochen und Monaten ihres Lebens besonders ausgiebig mit Wörtern »gefüttert« worden waren, in ihrem Sozialverhalten, ihrer Kreativität und ihrem Sprachvermögen besonders gut ab. Auch die sofortige Reaktion schon des Neugeborenen auf die menschliche Stimme beweist, dass das Baby ganz auf Sprache eingestellt ist.

Von 1 bis 5 Jahren: Spielideen für alle Entwicklungsbereiche

Ihr Kind ist dem Babyalter entwachsen, es steht fast auf »eigenen Füßen« und kommt spätestens nach dem dritten Geburtstag schon ganz gut in der Welt zurecht. Immer mehr erledigt es allein, es entwickelt Selbstvertrauen und baut bald erste Freundschaften auf.

In diesem Kapitel finden Sie einige Vorschläge für Aktivitäten in den verschiedenen Entwicklungsbereichen, die Ihnen als Anregung dienen mögen für unzählige eigene Ideen.

Kindgerecht lernen: Anregungen für zu Hause

- Lassen Sie Ihr Kind an möglichst vielen Bereichen des Alltags und des Familienlebens teilhaben – beobachtend, aber vor allem selbst handelnd – und gehen Sie auf seine Fragen ein.
- Seien Sie immer offen für seine Ideen und Vorschläge – das ist die beste Förderung. Wenn Sie Ihr Kind dann noch seine eigenen Ansätze im Umgang mit den Dingen ausprobieren lassen und auf seine Lösungsansätze eingehen, sowohl beim Experimentieren als auch beim Spiel – und seien diese von noch so unkonventioneller Art – dann fördern Sie auch die so wichtige Kompetenz der Problemlösung. Gerade hier liegt die Intelligenz und das Potenzial jedes Kindes: im neuen Blick auf die Dinge.

Nehmen Sie Ihr Kind ernst, seien Sie ihm weiterhin Vorbild.

- Haben Sie kein »Bildungsziel« im Auge, sondern lassen Sie Ihr Kind das lernen, wofür es gerade bereit ist. Schaffen Sie ihm bewusst Erfahrungsmöglichkeiten und Erfahrungsräume.
- Zeigen Sie Ihr ehrliches Interesse. Das heißt aber nicht, dass Sie ständig zur Verfügung stehen müssen. Ihr Kind kann immer besser allein bei einer Sache bleiben.
- Ermutigen Sie es zum Durchhalten, dazu, dass es nicht gleich aufgibt oder nach Hilfe ruft, wenn etwas nicht funktioniert. Sie können ja durch eine kurze Frage mal einen Hinweis geben: »Hast du schon mal probiert, ob …«, »Man könnte doch mal …«, »Was meinst du …?«
- Stellt sich im Kindergarten heraus, dass Ihr Kind ganz bestimmte Interessen oder Begabungen hat, können Sie diese natürlich zu Hause durch entsprechende Angebote gezielt fördern. Bleiben Sie auch deshalb immer im Gespräch mit den Erzieherinnen.
- Jetzt beginnt die Zeit, um mit Ihrem Kind auch einmal ins Puppentheater, in ein Kinderkonzert oder ein Museum zu gehen. Die Hinführung an kulturelle Angebote, die natürlich zuallererst Spaß machen, ist eine wertvolle Bereicherung und

verschafft ihm ganz neue Eindrücke, die wiederum das eigene Spiel zu Hause inspirieren.

- Viel Gutes tun Sie Ihrem Kind, wenn Sie es möglichst wenig fernsehen lassen und es seine Zeit stattdessen mit Bewegung, freiem Spiel und idealerweise auch gemeinsamen Aktivitäten, mit vorlesen, singen usw. zubringt.

Tätigkeiten in Haus und Garten

In besonderer Weise profitiert Ihr Kind davon, wenn Sie es in möglichst viele Tätigkeiten rund um Wohnung, Haus und Garten einbeziehen. Hauswirtschaftliche Tätigkeiten, wie Einkochen, Saft herstellen usw. sind letztlich naturwissenschaftliche Vorgänge, an denen heute die wenigsten Kinder noch teilhaben. Aber auch beim »normalen« Zubereiten von Mahlzeiten, beim Abwiegen und Abmessen, beim Schnippeln, dem Umgang mit natürlichen Zutaten usw. erwirbt Ihr Kind wichtige Grundlagen in vielen Bereichen, nicht nur über gesunde Ernährung, sondern für die Mathematik, in seinen feinmotorischen Fähigkeiten usw. Das setzt sich fort über kleine Reparaturarbeiten, handwerkliche Tätigkeiten bis hin zum Gärtnern, das jedem Kind ermöglicht werden sollte – und das man schon in einem größeren Blumenkasten auf dem Balkon kann.

Hauswirtschaftliche Tätigkeiten sind naturwissenschaftliche Vorgänge.

Natürlich können Sie die Aktivitäten zu Hause noch ausbauen:

- Wie wäre es mit einer kleinen Lernwerkstatt für Ihr Kind zu einem bestimmten Themenkreis, z. B. jahreszeitlich ausgerichtet? Dazu genügt ein Tisch, der mal über einige Zeit belagert werden kann.
- Oder richten Sie doch ein kleines »Naturkundemuseum«, in dem das Kind Schätze Ihrer gemeinsamen Wald- und Wiesenspaziergänge ausstellen und untersuchen darf …

Mit allen Sinnen leben

Über seine Wahrnehmungen erschafft sich Ihr Kind sein Bild der Welt im Kopf. Je vielfältiger seine Eindrücke, umso differenzierter wird sein Weltbild. Machen Sie Ihrem Kind die Vielfalt seiner Sinneseindrücke immer wieder bewusst.

Farben
- Staunen Sie gemeinsam über die wunderschönen Farben einer Sommerwiese, den Duft der Blumen, und lauschen Sie auf das Summen der Bienen.

Gerüche
- Schnuppern Sie am frischen Brot, nehmen Sie das Vorüberziehen der Wolken wahr, spüren Sie, wie warm und weich der sommerliche Waldboden unter den bloßen Füßen ist.

Geräusche
- Haben Sie schon einmal gehört, dass Vögel nicht nur zwitschern, sondern auch ziemlich zetern können? Schalten Sie einmal Nebengeräusche aus und konzentrieren sich auf ein Geräusch.

Tasten
- Neben dem Sehen, Hören und Riechen wird auch das Tastvermögen am besten durch »alltägliche« Dinge geschult – was bietet die Natur nicht alles an Erfahrungen: samtweiche Blätter, raue Baumrinde, glatte, kalte Steine …
- Beschreiben Sie Ihrem Kind all Ihre Sinneseindrücke und lassen Sie es das mit zunehmendem Sprachvermögen auch selber tun.

Bewusst wahrnehmen
Möglichst vielfältige Sinneswahrnehmungen ermöglichen und bewusst machen – das ist Lebensfreude und Sinnesschulung. Mit dieser Bewusstmachung und intensiven Wahrnehmung des Alltags und der Umwelt schärfen Sie nicht nur die Sinne Ihres Kindes, sondern machen es gleichzeitig neugierig auf die Natur und die Umwelt, die es dann zu erkunden und erforschen gilt. Über diese Grunderfahrungen hinaus finden Sie auf den folgenden Seiten Spielanregungen für jedes Alter, die sich selbstverständlich vielfach abwandeln lassen.

Hören

Rasseln, Glöckchen und viel mehr

Legen Sie eine Rassel in eine Schachtel. Schütteln Sie diese. Schaut Ihr Kind, woher das Rasseln kommt? Nehmen Sie dann den Deckel ab, und lassen Sie Ihr Kind die Rassel sehen. Nun wird es versuchen, selbst den Deckel abzunehmen.
Ihr etwas älteres Kind können Sie mit verbundenen Augen raten lassen, woher Geräusche kommen, z. B. das Klingeln eines Glöckchens, das Rasseln oder das Rascheln von Papier. Stellen Sie sich dazu hinter Ihr Kind und lassen sich zeigen, woher das Geräusch kommt.

Ab **1** Jahr

Hörst du das?

Hören Sie mit Ihrem Kind eine Viertelstunde lang ganz bewusst auf Geräusche von außerhalb, das Rauschen der Autos, das Zwitschern der Vögel, und erklären Sie Ihrem Kind diese Geräusche. Macht es Sie auch auf Geräusche aufmerksam? Und wann kann es Ihnen die ersten Geräusche erklären?

Zusammenhänge erklären

Machen Sie Ihr Kind auf Geräusche aufmerksam, die es hören, deren Quelle es aber nicht sehen kann. Erklären Sie ihm, woher das Geräusch kommt und welche Funktion es hat (Spülmaschine, vorbeifahrende Autos …).

Sehen

Was wird das?

Nehmen Sie großes weißes Papier sowie dicke bunte Stifte, und lassen Sie Ihr Kind zuschauen, wie Sie langsam Linien, Muster, Häuser, vielleicht eine Blume oder ein Tier aufs Papier zaubern. Erklären Sie ihm, was Sie malen – bestimmt nimmt es Ihnen bald den Stift ab.

Licht- und Schattenspiele

Zaubern Sie mit einem Spiegel einen tanzenden Sonnenfleck an die Wand. Will Ihr Kind ihn fangen?

Riechen und Schmecken

Gewürze schnuppern

Lassen Sie Ihr Kind mal vorsichtig an verschiedenen Gewürzen schnuppern. Sprechen Sie darüber, wozu sie beim Kochen verwendet werden. Ein ganz kleines bisschen davon kann es auch mal probieren, auf Brot, zu Reis, je nachdem. Vielleicht können Sie ihm in einem Buch auch eine Abbildung der entsprechenden Pflanze zeigen. Später kann es die Gewürze auch den entsprechenden Abbildungen zuordnen?

Dufterlebnis Badezimmer

Machen Sie mit Ihrem Kind eine Erlebnistour durchs Badezimmer. Lassen Sie es an Papas Rasierwasser schnuppern – und dann an Papa! Lassen Sie es an seinem Babybad riechen – und nach dem Baden an seinen Ärmchen. An der Seife – und nach dem Händewaschen an seinen Händen. Gibt es auch Düfte, die ihm nicht zusagen? Vielleicht der Essigreiniger – den Sie danach aber wieder sorgsam wegschließen.

Fühlen

Rau, weich oder raschelnd?

Eine schöne Greif- und Hörerfahrung bieten unterschiedliche Papiere: weiches, knisterndes Sandpapier, raueres, griffiges Krepppapier, flauschiges Küchenpapier, festes Packpapier und viele mehr. Machen Sie jeweils zwei große Streifen – vielleicht kann Ihr Kind sie schon zuordnen?
Aber Vorsicht: Ihr Kind »kostet« das Papier vielleicht auch mal, falls Sie nicht aufpassen.

Da bläst der Wind
Blasen Sie ganz sachte über den Bauch Ihres Kindes, erzählen
Sie, wie der Wind leicht übers Feld weht, blasen Sie etwas
stärker – der Wind nimmt zu und entwickelt sich zu einem
Orkan … Geraten anschließend Sie in einen Sturm?

Hören
Wo tickt´s?
Verstecken Sie im Schrank oder anderswo einen Wecker oder
eine Spieluhr, und lassen Sie Ihr Kind herausfinden, woher das
Geräusch kommt, und den Wecker nur durch Hören suchen und
finden. Und dann sind Sie an der Reihe!

Tierlaute zuordnen
Sprechen Sie Tiernamen vor und lassen Ihr Kind die Tierlaute in
der richtigen Reihenfolge nachahmen, z. B.:

> Hund – Kuh – Katze
> – Wau – muh – miau

Es tröpfelt
Ein aktives Fingerspiel, das Ihrem etwas älterem Kind bestimmt
viel Spaß macht und nicht nur gutes Hören, sondern auch das
Denken fördert:

- Es tröpfelt,
- es regnet,
- es gießt,
- es hagelt,
- es blitzt,
- es donnert.

Alle Leute laufen schnell nach Haus!

Erst mit zwei Fingern, dann mit zehn Fingern auf dem Tisch,
immer lauter werdend, das Geräusch des Regens nachahmen,

dann mit den Knöcheln das des Hagelns. Beim Blitz zuckt die rechte Hand durch die Luft, beim Donner schlagen beide Fäuste auf den Tisch – zum Schluss verschwinden sie alle auf dem Rücken oder laufen auf der Tischkante weg.

Sehen

Schau genau

Sie verstecken im Garten oder im Park ein kleines Stofftier oder eine selbst gebastelte Papierblume – etwas, das sich ganz gut in die Natur einfügt. Da muss Ihr Kind genau hinschauen, damit es den Gegenstand findet.

Schattenspiele

Im Dämmerlicht lassen Sie den Lichtkegel einer Taschenlampe über die Wand huschen, plötzlich verschwinden und wieder auftauchen. Begeistert wird Ihr Kind versuchen, den Lichtkegel zu fangen, und verwundert fragen, wo er geblieben ist. Dann können Sie auch Figuren an die Wand zaubern – und dann ist Ihr Kind dran. Nehmen Sie doch auch einmal jeder eine Taschenlampe und spielen Sie mit den Lichtkegeln »fangen«.

Riechen und Schmecken

Lecker, lecker …

Machen Sie bei den Mahlzeiten ein Spiel daraus, an verschiedenen Nahrungsmitteln zu schnuppern, sie bewusst zu kosten und zu beschreiben, wie sie schmecken. Richten Sie die Speisen fröhlich an: als lachendes Gesicht, als Auto … lassen Sie Ihr Kind dabei helfen. Und lassen Sie sich einmal von Ihrem Kind füttern.

Obstsalat

Bereiten Sie gemeinsam einen Obstsalat mit möglichst vielen verschiedenen Früchten zu – das ist ein wahres Sinnesfest: die tollen Farben, die unterschiedliche Beschaffenheit, der Duft des

Pfirsichs, wie riecht die Banane? Und was schmeckt Ihrem Kind am besten?

Fühlen
Barfuß unterwegs
Ob drinnen oder draußen – machen Sie auf dem Boden einen kleinen Parcours mit unterschiedlichen Materialien: von den kalten Fliesen auf den warmen Parkett und dann kommt der weiche Teppich, au, da liegt ein Steinchen … Und draußen: Ein wenig Morgentau noch auf der Wiese? Dann weiter über den Plattenweg auf das Kiesbett vor der Garage. Eine Ameise krabbelt das Bein herauf …

Sandeln und Matschen
Die Sandzeit beginnt! Backen Sie mit Ihrem Kind Sandkuchen, buddeln Sie gemeinsam Löcher, und häufen Sie Berge an. Und wenn der Sand mit Wasser »vermatscht« wird, ist die Begeisterung total!

Kneten nach Herzenslust
Vielfältige Erfahrungen mit den Händen sind nun ganz wichtig. Dabei erwirbt Ihr Kind nicht nur viele Tasterfahrungen, sondern schult auch seine Feinmotorik. Auch daraus können Sie ein Spiel machen, z. B. eine Perlensammlung aus Knetkugeln in verschiedenen Größen, erste Blumen. Vielleicht versuchen Sie sich an Tieren für einen Zoo … Damit lässt sich dann auch prima spielen.

Kneten ist eine sehr beliebte Tätigkeit.

Rezept für Knete

500 g Mehl, 200 g Salz, 2 TL Weinsteinsäure und 3 EL Speiseöl mit ½ l kochendem Wasser mit dem Handmixer verrühren und mit Lebensmittelfarbe färben.

Ab **3** Jahre

Hören

Das Kätzchen

Mehrere Kinder sitzen im Kreis. Das »Kätzchen« schleicht mit verbundenen Augen herum, hält vor einem Kind und sagt:

> »Ich bin das Kätzchen,
> ich bin sehr schlau,
> du kleines Mäuschen
> sag einmal Miau!«

Nach dem Gehör soll das Kätzchen den Namen des Mäuschens erraten.

Das Klanglaufspiel

Sie stellen verschiedene »Instrumente« – das können auch Kochlöffel und Topf, Schlüsselbund usw. sein – bereit. Jedes Kind sucht sich einen bestimmten Ton aus und darf sich nur bewegen, wenn der Spieler diesen Ton anschlägt. Je besser die Töne im Ohr sind, umso schwieriger wird es für den Spielleiter, die Klangfolge zu gestalten. Vielleicht schlägt er sogar zwei Töne gleichzeitig an?

Wassermusik

Wasser ist für Kinder ein tolles Element – auch zum Lauschen. Erkunden Sie einmal gemeinsam, wie viele Geräusche Wasser hervorbringen kann. Tropfen, schütten, patschen, mit dem Strohhalm Luft hineinblasen, schlagen …

Sehen

Was ist anders?

Ihr Kind geht aus dem Zimmer und Sie verändern etwas an der Einrichtung. Dann kommt es wieder herein. Merkt es sofort, was anders ist? Dann ist Ihr Kind an der Reihe und Sie gehen hinaus.

Muster legen

Legen Sie aus Perlen oder ausgeschnittenen Papierformen ein Muster. Nun darf Ihr Kind es nachlegen. Stimmt alles?

Riechen und Schmecken

Ratespiel

Verbinden Sie Ihrem Kind die Augen und lassen Sie es an verschiedenen Nahrungsmitteln riechen – erkennt es sie? Und wenn es ein Stückchen davon isst? Danach darf Ihr Kind Sie mit Kostproben »überraschen«.

Parfüm machen

Eigenes Parfüm machen – eine tolle Erfahrung, die den Berührungs-, Tast- und Geruchssinn des Kindes fördert. Lassen Sie Ihr Kind im Sommer Blütenblätter pflücken und zu Hause in ein Gefäß mit Wasser geben. Nun kann es auch noch beobachten, wie die Blätter im Wasser schwimmen oder versinken und es stellt sein eigenes Parfüm her. Sie können auch noch ein paar Tropfen ätherisches Öl oder Rosenwasser dazugeben.

Fühlen

Stoffmemory

Schneiden Sie aus fünf verschiedenen Stoffarten, z. B. Kord, Leinen, Samt, Baumwolle und Polyester (am besten auch verschiedenfarbig) jeweils zwei etwa zehn Zentimeter große Stücke aus, die Sie auf einem Tisch auslegen. Findet Ihr Kind die richtigen Paare? Dann befühlen Sie die Stücke gemeinsam und sprechen über die Erfahrungen. Später kann es versuchen, die Paare mit verbundenen Augen zu finden.

Warm und kalt

Eiswürfel auf dem Bauch – oder lieber eine Wärmeflasche: Was ist angenehmer? Und wie fühlt sich ein kalter Stein an und wie eine heiße Kartoffel? Machen Sie Erfahrungen mit ganz unter-

schiedlichen Temperaturen und Materialien, lassen Sie Ihr Kind beschreiben, wie es die Erfahrungen empfindet und lassen Sie es die Dinge nach einer »Skala« von angenehm bis ganz unangenehm ordnen.

Naturerfahrungen

Machen Sie aus jedem Ausflug nach draußen ein Entdeckungsspiel: Riechst du das frisch gemähte Gras, den Duft der Tannennadeln, den Duft der Blume …? Spürst du die Frische der Regentropfen, den Tau an den Füßen, die Wärme der Sonnenstrahlen …? Fühlst du die Fasern der Blätter, den Wind im Gesicht, die Kälte des Schnees …? Siehst du deinen Schatten, die Sonnenflecken, die vorbeiziehenden Wolken …? Hörst du die Eisenbahn in der Ferne, den Kuckuck, das Summen der Bienen …?

Ab **4** Jahre

Hören

Ohren auf

Errichten Sie zwischen sich als Spielleiter und Ihrem Kind (oder mehreren) eine kleine Trennwand. Das können die aufrecht gestellten Seiten eines zerschnittenen Kartons sein oder ein Betttuch, das quer durchs Zimmer über einer Schnur hängt. Hinter dieser Trennwand legen Sie verschiedene Haushaltsgegenstände und Spielsachen zurecht, mit denen Sie Geräusche erzeugen können. Ihr Kind (oder besser mehrere Kinder) stehen auf der anderen Seite und können nicht sehen, was der »Geräuschemacher« treibt.

Es geht nun darum, genau hinzuhören: Welcher Gegenstand gehört zu diesem Geräusch? Hinter der Wand wird z. B. Papier zerrissen, Wasser in ein Glas gefüllt, in einen knackigen Apfel

gebissen, eine Walnuss geknackt, eine Cornflakes-Schachtel geschüttelt oder ein Ballon zerplatzt. Wer von den Mitspielern den Gegenstand als Erstes errät, bekommt einen Punkt. Wer drei davon hat, darf mit Ihnen tauschen und selbst »Krach« machen.

Lauschspaziergang

Gestalten Sie einmal einen Spaziergang durch den Wald oder in der Stadt bewusst als »Lauschspaziergang«. Was kann man hören: Auf einer verkehrsreichen Straße? Bei einer Baustelle? Am See? Oder im Wald? Die Geräusche können Sie aufnehmen. Später können Sie zu Hause ein Hörrätsel daraus machen. Dann werden die Geräusche abgespielt. Können sich alle daran erinnern, wo das Geräusch aufgenommen wurde?

Sehen

Schattentheater

Leuchten Sie abends im Dunkeln mit einer Taschenlampe an die Wand – nun darf Ihr Kind mit seinen Händen ein kleines Schattentheater aufführen. Den Schnabel eines Vogels, der einen Wurm fressen will? Oder ein Krokodil, das klappernd schnell wieder ins Wasser abtaucht?

Alles da?

Füllen Sie verschiedene Gegenstände in einen Karton und lassen Ihr Kind sie genau anschauen. Dann geht es hinaus und Sie nehmen eine Sache heraus – oder legen eine dazu? Hat Ihr Kind den genauen Überblick?

Riechen und Schmecken

Mund auf, Augen zu!

Geben Sie verschiedene Lebensmittel (Obst, Gemüse, Schokolade usw.) in kleine Schälchen und verbinden Sie Ihrem Kind die Augen. Nun wird es – z.B. mit Weintrauben– gefüttert und muss erraten, was es ist.

Was gibt's heute zum Essen?

Wenn Ihr Kind morgens im Kindergarten ist und Sie, wenn es heimkommt, das Essen schon vorbereitet haben, lassen Sie es doch erraten, was es gibt.

Fühlen

Im Garten

Bei einem »Fühlspaziergang« durch den Garten – oder Park – kann man erstaunliche Erfahrungen machen: Blatt ist keineswegs gleich Blatt, manche sind samtig, andere haben feine Härchen, wieder andere stacheln sogar ein bisschen – und erst die verschiedenen Baumarten! Und dann gibt es noch Dornen und Stacheln. Oder frisch gemähtes Gras, warm in der Sonne, rieselt kitzelnd durch die Finger – und was gibt es auch alles zu sehen und riechen: ein wahres Fest für alle Sinne!

Ab 5 Jahre

Hören

Hör-Memory

Besorgen Sie sich ca. 30 leere schwarze Filmdöschen. Füllen Sie davon jeweils zwei mit den gleichen Materialien, z. B. Reis, kleine Murmeln, Watte, Geldstücke, Büroklammern, Knöpfe, Erbsen usw. Spielen Sie nun mit diesen Filmdosen Memory. Jeder Spieler darf immer zwei Dosen aufnehmen und schütteln. Meint er, dass sie den gleichen Inhalt enthalten, darf er sie öffnen und vergleichen. Hat der Spieler richtig gelegen, bekommt er das Pärchen und darf weiterspielen. War sein Tipp falsch, werden die Dosen zurückgestellt, und der nächste Spieler ist an der Reihe. Dabei schult Ihr Kind sein Gehör für feine Unterschiede.

Echo

Am besten machen bei diesem Spiel mehrere Kinder mit. Ein Kind beginnt mit einem »Körperinstrument« einen bestimmten

Rhythmus – zu klatschen, zu stampfen, mit den Fingern zu trommeln usw. Die anderen Kinder hören zu und geben dann den vorgegebenen Rhythmus wieder.

Sehen
Bilderbücher beschreiben
Beschreiben Sie, ohne dass Ihr Kind sie sieht, eine Seite aus einem Bilderbuch. Dann soll Ihr Kind sie im Buch suchen.

Einkaufen
Zu Hause schauen Sie sich gemeinsam mit Ihrem Kind einen Werbeprospekt des Supermarktes an und überlegen gemeinsam, was Sie alles brauchen. Das kreuzen Sie an. Im Supermarkt darf Ihr Kind dann versuchen, anhand des Prospekts die richtigen Produkte zu finden.

Riechen und Schmecken
Schmeck-Fläschchen
Nehmen Sie acht kleine Fläschchen mit Tropfpipette, markieren Sie vier Fläschchen blau, die anderen vier rot. Füllen Sie ein Fläschchen aus jedem Set mit einer Flüssigkeit in einer der vier Geschmacksrichtungen – z. B. Zuckerwasser (süß), Zitronensaft (sauer), Salzwasser (salzig) und mit Wasser verdünnter schwarzer Kaffee.
Nachdem Ihr Kind seine Hände gewaschen hat, stellt es jedes Set in eine Reihe, schraubt die Pipette einer Flasche auf und gibt einen kleinen Tropfen auf den linken Handrücken. Nun nimmt es ihn langsam mit der Zunge auf. Dann nimmt es ein Fläschchen aus dem zweiten Set, gibt wiederum einen kleinen Tropfen auf einen Finger der rechten Hand. Schmeckt er gleich? Wenn nicht, wiederholt es den Vorgang, bis es den passenden Geschmack findet.

Fühlen

Tastkarten

Besorgen Sie sich 10 bis 20 Kartonkarten oder größere Kartei-
karten und verschiedene Materialien, z.B:

- Schleifpapier (sehr grob und sehr fein)
- Plastikfolie
- Alufolie
- Fell
- Nussschalen
- Papiertaschentücher
- Sand
- Gras/Heu
- Samt
- Erde

Kleben Sie auf jede Karteikarte jeweils eine der verschiedenen
Materialien, so dass viele unterschiedliche Fühlkarten entstehen.
Verbinden Sie nun Ihrem Kind die Augen und legen Sie die
Fühlkarten nebeneinander auf den Tisch. Geben Sie Ihrem Kind
ein Stück Originalmaterial in die Hand, z. B. etwas Fell, und
bitten Sie es, die dazugehörige Karte durch Ertasten heraus-
zufinden.

Was ist im Sack?

Sie geben verschiedene Dinge in einen Sack und lassen Ihr Kind
hineingreifen und erfühlen, was darin ist. Erkennt es alles? Sie
können Ihr Kind sich die Dinge auch merken und dann malen
lassen.

Ideen für Bewegungserfahrungen und Körperspiele

Jeden Tag muss Ihr Kind sein Bedürfnis nach Bewegung ausleben. Verstärken Sie seine natürliche Bewegungsfreude durch Anregungen zu vielfältigen Bewegungs- und Körpererfahrungen. Bewegung ist ganz wichtig für die gesunde Entwicklung und sie schult die Wahrnehmung des eigenen Körpers. Versuchen Sie auch immer wieder einmal zu verbalisieren, was Ihr Kind dabei empfindet. Schaffen Sie auch in der Wohnung ein wenig Freiraum für Bewegungserfahrungen, und gehen Sie, wenn irgend möglich, jeden Tag mit ihm hinaus – und möglichst oft »richtig« in die Natur, in den Wald, wo es über Baumstämme klettern und an Bächen stromern kann. Lassen Sie es das Wetter spüren. Kletterangebote kann man auch ohne viel Aufwand im Garten schaffen.

Leiten Sie Ihr Kind dann noch zu einem bewussten Umgang mit seinem Körper an – durch gewissenhafte Pflege und gute Ernährung. Gehen Sie z. B. gemeinsam auf den Markt und kochen dann aus frischen Lebensmitteln eine leckere Mahlzeit – das sind unersetzliche Erfahrungen für Ihr Kind.

Ab 1 Jahr

Bewegungsspiele

Fußballspielen

Zeigen Sie Ihrem Kind, wie man Fußball spielt. An beiden Händen gehalten, wird es nun die ersten Kicks absolvieren. Der Ball wird hin und her gekickt, aber auch zur Tür hinaus – mit der Zeit wird Ihr Kind sein Gleichgewicht dabei immer besser halten können.

Hinderniskrabbeln

Krabbeln macht großen Spaß, und man kann dabei neue Herausforderungen einbauen: einen kleinen Kissenturm, der überwunden werden muss, eine kleine Schräge, die mit einem

Brett, z. B. zwischen Boden und Sofa, hergestellt wird, aber auch über Mama und Papa krabbeln, die auf dem Boden liegen …

Verstecken

Erste Versteckspiele sind toll! Blitzschnell krabbelt Ihr Kleines hinter die Tür und ist begeistert, wenn Mama oder Papa es nach langem Suchen endlich mit großem Hallo finden …

Backe, backe Kuchen

Auch Bewegungsspiele, die verschiedene körperliche Aktivitäten zu Musik einbeziehen, machen im zweiten Lebensjahr schon Spaß, z. B. das »ganzkörperliche« Kuchenbacken und das Klatschen:

Backe, backe Kuchen,
der Bäcker hat gerufen.
Wer will guten Kuchen backen,
der muss haben sieben Sachen:
Eier und Schmalz,
Zucker und Salz,
Milch und Mehl.
Safran macht den Kuchen gehl.
Schieb, schieb in Ofen rein.

Kegeln

Stellen Sie Plastikkegel oder leere Plastikflaschen auf, und rollen oder werfen Sie sie mit einem Ball um. Ihr Kind wird bald begeistert mitkegeln.

Bewegungsspiele

Bei kleinen Tanzspielen, bei denen Ihr Kind an den Händen gehalten wird, hat es nicht nur viel Spaß, sondern lernt ganz viel. Vielleicht haben Sie die entsprechende CD dazu?

Ringel, ringel, reihen

Ringel, ringel, reihen,
sind der Kinder dreien,
Rosmarin, Vergissmeinnicht,
alle Kinder tanzen mit!

Häschen in der Grube

Häschen in der Grube
saß und schlief,
saß und schlief.
Armes Häschen, bist du krank,
dass du nicht mehr hüpfen kannst?
Häschen, hüpf!
Häschen, hüpf!

Mehrere Kinder bilden einen Kreis, in der Mitte schläft das
Häschen. Alle Kinder singen das Lied und am Ende hüpft das
Häschen auf ein Kind zu, das in der nächsten Runde das neue
Häschen spielt. Begeistert sind die Kinder, wenn sie dazu selbst
gebastelte Hasenohren aufgesetzt bekommen …

Hindernislauf

Dieses Spiel wird Ihrem Kind immer wieder Spaß machen und
Sie können es in unzähligen Varianten umsetzen.
In der Wohnung (oder auch draußen) wird ein spannender
Hindernisparcours aufgebaut. Dann krabbelt Ihr Kind (mit
mehr Kindern macht es noch mehr Spaß) über und unter Stühle,
balanciert auf Wollfäden oder kriecht unter große Decken.
Eine Variante für draußen: Mit Kreide aufgemalte Striche
müssen bewandert werden oder Bordsteinkanten, Äste usw.
Der Fantasie sind keine Grenzen gesetzt.

Klammern-Fangen

Auch hier sollten mehrere Kinder (oder Familienmitglieder) mitspielen: Ein Spieler bekommt eine Wäscheklammer an seinen Pulli geklemmt. Nun soll dieser Spieler einen anderen fangen. Um die Koordination und Motorik zu schulen, soll die Wäscheklammer an dem Oberteil des gefangenen Spielers befestigt werden. Dann ist dieser Spieler dran, einen anderen zu fangen.

Storch und Frösche

Dazu sind vier Mitspieler erforderlich. Ein durch Auszählen bestimmtes Kind steht als Storch auf einem Bein aufrecht da. Die anderen Kinder kauern als Frösche in Hockstellung auf dem Boden und umhüpfen den Storch, der versuchen muss, einen Frosch zu fangen. Gelingt ihm das, wird der gefangene Frosch zum Storch.

Singspiele mit Spielhandlung

Kinder singen gern und lernen im Kindergartenalter immer besser, eine Melodie richtig zu singen. Werden Lieder von einer Handlung begleitet, macht dies besonderen Spaß. Dabei wird das Kind in vielfältiger Hinsicht gefördert. Es muss genau zuhören, die Worte in die richtige Bewegung umsetzen, gleichzeitig weitersingen und die Bewegungen ausführen. Das ist eine sehr komplexe kognitive Leistung!

Wer will fleißige Handwerker sehn

Wer will fleißige Handwerker sehn,
ei, der muss zu uns Kindern gehn.
Stein auf Stein, Stein auf Stein,
das Häuschen wird bald fertig sein.

Wer will fleißige Handwerker sehn,
ei, der muss zu uns Kindern gehn.

Oh wie fein, oh wie fein,
der Glaser setzt die Scheiben ein.

Wer will fleißige Handwerker sehn,
ei, der muss zu uns Kindern gehn.
Tauchet ein, tauchet ein,
der Maler streicht die Wände fein.

Wer will fleißige Handwerker sehn,
ei, der muss zu uns Kindern gehn.
Zisch, zisch, zisch – zisch, zisch, zisch,
der Tischler hobelt glatt den Tisch.

Wer will fleißige Handwerker sehn,
ei, der muss zu uns Kindern gehn.
Poch, poch, poch – poch, poch, poch,
der Schuster schustert zu das Loch.

Wer will fleißige Handwerker sehn,
ei, der muss zu uns Kindern gehn.
Stich, stich, stich – stich, stich, stich,
der Schneider näht ein Kleid für mich.

Wer will fleißige Handwerker sehn,
ei, der muss zu uns Kindern gehn.
Rühre ein, rühre ein,
der Kuchen wird bald fertig sein.

Wer will fleißige Handwerker sehn,
ei, der muss zu uns Kindern gehn.
Trapp, trapp drein – trapp, trapp drein
jetzt gehn wir von der Arbeit heim.

Feinmotorik – Erfahrungen mit den Händen

Die Feinmotorik Ihres Kindes wird bei allen Tätigkeiten
geschult, die es mit den Händen ausführt. Ermöglichen
Sie ihm hier vielfältige Erfahrungen. Noch ein besonderer
Tipp: Kinder hämmern mit Begeisterung. Sehr beliebt ist
das Nagelbrett.
Zunächst ist ein Bolzenbrett mit einem Plastikhammer
geeignet. Ihr Kind schlägt einen Satz Bolzen ein, dreht das
Brett um und beginnt von Neuem. Ist es darin geübt,
kann es einen kleinen »echten« Hammer bekommen, ein
kleines Weichholzbrett und einen Satz stabile Nägel mit
großen Knöpfen. Vielleicht will es ja Muster nageln? Und
der nächste Schritt wäre eine eigene kleine Heimwerker-
bank …

Ab 4 Jahre

Tiere nachahmen

Ein lustiges Bewegungsspiel: Tapsen wie ein Bär, hüpfen wie ein
Frosch, galoppieren wie ein Pferd, trippeln wie ein Vogel – was
fällt Ihrem Kind noch ein? Auf diese Weise vielleicht auch über
ein Kissen hüpfen, sich rückwärts bewegen? Das schult die
Geschicklichkeit und Balance.

Geschickte Füße

Mit den Füßen mal machen, was sonst die Hände tun? Greifen
Sie Bücher, Bleistifte, Zeitungen usw. mit den Füßen und reichen
sie Ihrem Kind weiter. Ein Spiel, das auch seine Freunde in
Erstaunen versetzen wird. Kann Ihr Kind auch mit den Füßen
einen Turm aus Holzbausteinen bauen oder mit Wachskreide
malen?

Lustige Turnspiele

Seht den lustigen Gummimann *(zappeln)*
wie er sich streckt *(strecken)*
so weit er nur kann *(noch weiter)*
Hoch die Arme
und tief das Bein *(in die Hocke)*
entspannen *(locker hinlegen, Arme über den Kopf erhoben)*
und es noch einmal sein.

Luftballontanz

Ihr Kind tanzt mit einem anderen und die beiden müssen einen
Luftballon zwischen ihren Bäuchen einklemmen. Es wird zur
Musik getanzt und die Ballons dürfen nicht runterfallen. Wenn
mehr Kinderpaare mitmachen, hat das Paar gewonnen, das
seinen Luftballon am längsten in dieser Stellung halten kann.

Ab **5** Jahre

Pantomime

Ein Spiel ganz ohne Worte, nur mit Bewegungen und Mimik.
Ihr Kind versucht, Ihnen oder anderen Kindern in der Zeichen-
sprache etwas zu erklären. Es zeigt z. B. Autofahren, Bauchweh,
Klavierspielen, Einkaufen, Friseur, Lehrerin, Polizist, Nach-
richtensprecher, Schornsteinfeger, Schneider, Koch, Tänzer,
Reporter, Zahnarzt usw. oder Geschirr abtrocknen, Staub
wischen, Schnee schippen, Kartoffeln schälen. Etwas ältere
Kinder können auch Redewendungen darstellen z. B.: »Jemanden an der Nase herumführen«, »jemanden etwas aus der Nase
ziehen«, »jemanden Sand in die Augen streuen«, »mit dem
Kopf durch die Wand«.

Kreativität und Fantasie

Kreativität – die schöpferische Gestaltungskraft – ist eine wunderbare Gabe.

Kreativität fördern heißt im Grunde der Fantasie freien Lauf zu lassen. Das geht zu Hause wunderbar. Dabei findet Kreativität aber nicht nur im künstlerischen Bereich seinen Ausdruck, sondern sie bedeutet ganz allgemein, neue Wege und neue Lösungen zu finden und damit anders zu denken als in eingefahrenen Bahnen. Kreativität hat viel mit Fantasie, mit Offenheit, mit Neugierde zu tun – genau das, was Kinder auszeichnet. Kinder gehen nach ihren eigenen Vorstellungen vor. Sie probieren aus, sie suchen Lösungen, sie schaffen sich Erklärungen.

Sie fördern die Kreativität Ihres Kindes am besten und ganz selbstverständlich, wenn Sie es in einer anregenden – ungefährlichen – Umgebung möglichst viel selbst ausprobieren lassen. Auch an schwierigen Dingen soll es sich selbst versuchen – oft finden Kinder erstaunliche Lösungen. Ganz nebenbei stärkt dies auch das Selbstvertrauen. Seien Sie daneben selbst ein Vorbild in Kreativität. Tun auch Sie nicht Tag für Tag dasselbe auf dieselbe Art und Weise. Bleiben Sie flexibel und offen für Überraschendes, für ungewöhnliche Spielideen, mal eine ganz andere Tagesgestaltung oder einen spontanen, ungewöhnlichen Ausflug. Auch Humor hat viel mit Kreativität zu tun. Natürlich braucht Ihr Kind auch Materialien, mit denen es seine künstlerische Fantasie umsetzen kann: Bastel- und Malutensilien, Dinge aus dem Haushalt, Naturmaterialien, Requisiten wie alte Hüte, verschiedene Kleidung usw. Und es braucht Ihre Ermutigung und Ihre Freude an seinen Ideen. Achten Sie bei der Einrichtung des Kinderzimmers und dem Kauf von Spielsachen darauf, dass die Dinge vielseitig verwendbar sind und immer wieder umfunktioniert werden können. Toll ist eine Kiste mit Requisiten und abgelegten Kleidungsstücken zum Verkleiden und für Rollenspiele. Lassen Sie Ihr Kind nach Herzenslust »Musik« machen – mit selbst geschaffenen Instrumenten. Lassen Sie es seine Ideen im Spiel ausdrücken, auch im Rollenspiel oder mit Hand- oder

Fingerpuppen. Zudem braucht es Bewegungsfreiheit und die Möglichkeit, auch mit kleineren Möbelstücken, Kissen, Decken usw. zu bauen. Und es braucht Zeit und Muße, damit sich Kreativität entfalten kann, damit es erforschen, ausprobieren, konstruieren usw. kann.

Pinselstriche

Lassen Sie Ihr Baby einmal zuschauen, wie Sie mit Wasserfarben und dickem Pinsel ein Bild malen. Es wird fasziniert die Bewegungen und entstehenden Linien betrachten.

Ab **1** Jahr

Hand- und Fußabdrücke

Das können schon die Kleinsten!
Bestreichen Sie Hände bzw. Füße Ihres Kindes mit Fingerfarbe und lassen es einen Abdruck auf Papier machen. Die Drucke lassen sie trocknen und schneiden sie dann aus und kleben sie auf farbigen Tonkarton. Eine schöne Erinnerung in späteren Zeiten!

Mein erstes Spielhaus

Besorgen Sie sich den Karton einer Waschmaschine vom Elektrohändler. Vielleicht sogar gemeinsam mit Ihrem Kind bemalen Sie den Karton und schneiden Türen und Fensterläden zum Öffnen und Schließen hinein. Ihr Kind kann sich darin gemütlich einrichten – hier lässt sich wunderbar spielen.

Kleisterbilder

Das kann Ihr Kind bestimmt schon:
Rühren Sie gemeinsam zähen Tapetenkleister an und geben Farbpulver dazu. Nun tragen Sie gemeinsam die Farbe auf Papier auf und Ihr Kind kann mit Kämmen oder Stäbchen Muster hineinziehen. Danach gut trocknen lassen.

Ab **2** Jahre

Schwammbilder

Ihr Kind taucht kleine Schwämmchen, die es selber zuschneiden kann, in Farbe, streift den Überschuss auf alter Zeitung ab und bringt die Schwämmchen auf das Papier. Je leichter die Berührung ist, umso besser das Ergebnis.

Ich bin der Papa, du bist das Kind

Wie wäre es mit einem ersten Rollentausch? Lassen Sie sich doch mal »bevatern« oder »bemuttern«. Ihr Kind wird Sie begeistert »bekochen«. Sind Sie vielleicht sogar ein wenig unartig? Es wird Ihnen schon zeigen, wo die Grenzen sind!

Ab 3 Jahre

Flauschige Tiere

Schneiden Sie aus farbiger Pappe ein Tier aus, das flauschig ist, z. B. ein Schaf oder eine Ente. Ihr Kind beklebt nun das Tier mit weichem Material, wie Watte, Wolle … und dann ergibt sich daraus vielleicht noch ein Spiel?

Faltbilder

Lassen Sie Ihr Kind ein Blatt Papier in der Mitte falten. Dann öffnet es das Papier wieder und gibt auf eine Hälfte verschiedene Farbkleckse. Nun faltet es die beiden Blatthälften, presst sie aufeinander und öffnet sie wieder. Jetzt ist auf beiden Hälften das gleiche Muster erkennbar. Zum Schluss kann es noch die Form eines Schmetterlings aus dem Blatt ausschneiden.

Ein kleines »Atelier«

Schaffen Sie Ihrem Kind doch seinen eigenen kleinen kreativen Bereich, ein kleines »Atelier«, in dem es schöpferisch tätig sein kann. Das kann eine Ecke in der Küche, dem Ess- oder Kinderzimmer sein oder ein Bereich in der Ecke – ein Ort, an dem Sie Ihrem Kind erlauben, mit künstlerischen Materialien, die ihm zur Verfügung stehen, die es aber nach Gebrauch wieder an

ihren Ort aufräumt, zu arbeiten. Den Boden können Sie mit einer Plane schützen.

Fingerpuppentheater

Jetzt beginnt die Zeit des Rollenspiels – auch mit Finger- oder Hand- (Kasperle-)Puppen. Wie wär´s vorab mit einer ganzen einfachen Variante – die Ihr Kind bestimmt begeistert? Malen Sie auf die Fingerkuppen (auch auf Ihre) mit Filzschreiber kleine Figuren und Gesichter und spielen Sie gemeinsam damit Märchen oder kleine selbsterfundene Geschichten. Sie können die kleinen »Akteure« auch mit selbst gemachten Requisiten ausstatten, z. B. ein aus Papier gefalteter Hut, ein winzig kleiner Schal oder ein aufgeklebter Bart aus Watte.

Modelle aus Pappmaché

Ab **4** Jahre

Zerreißen Sie etwa 40 Seiten Zeitungspapier in kleine Stücke und geben sie mit Wasser in einen Eimer und lassen sie etwa 24 Stunden quellen. Gießen Sie das überschüssige Wasser ab und drücken Sie das Papier aus. Nun rühren Sie eine Tasse Tapetenkleister entsprechend den Anweisungen des Herstellers an und kneten Kleister und Papier zu einer lehmartigen Masse. Nun kann Ihr Kind daraus Modelle nach Herzenslust bauen. Lassen Sie sie an einem warmen Ort trocknen und anschließend kann Ihr Kind sie anmalen und verzieren.

In der Welt der Drachen, Feen, Räuber

Mit drei, vier Jahren bauen Kinder tolle Fantasiewelten auf. Aus einem Stuhl, über den eine Decke geworfen wird, wird eine Räuberhöhle oder eine Tierklinik, der Sandkasten wird mit Ästen und leeren Plastikbechern zur Raumstation usw. Auch Sie als Eltern können dabei einmal eine Rolle übernehmen. Und lassen Sie Ihrem Kind vor allem Zeit und Raum für seine Fantasiewelten.

Druckbilder

Drucke kann man aus Kartoffeln oder Karotten oder auch aus Blättern herstellen. In Kartoffeln können Sie Muster schneiden, wie z. B. einen Stern oder eine Blume. Lassen Sie Ihr Kind den jeweiligen Gegenstand mit Farbe bestreichen und dann auf ein Blatt Papier drücken.

Ab 5 Jahre

Tonen

Ton fühlt sich wunderbar an und ist ein tolles Material für vielfältige Erfahrungen und Kunstwerke. Er ist aber gar nicht so leicht zu verarbeiten und muss feucht gehalten werden. Lassen Sie Ihr Kind daraus Formen und Kunstwerke herstellen – am besten im Sommer im Garten. Vielleicht will es schon erste Buchstaben formen? Wenn Sie keine Möglichkeit haben, die Objekte zu brennen, können Sie sie auch im Backofen bei schwacher Hitze trocknen lassen.

Eine tolle Kiste

Viel Freude machen Sie Ihrem Kind, wenn Sie ihm eine Kiste mit vielfältigen Materialien zur freien Verfügung stellen. Darin könnte z. B. sein:
Eierkartons, Verpackungen aus verschiedenen Materialien, Federn, Knöpfe, Wollreste, Korken, Pfeifenreiniger, Holzwolle, Sandpapier, auch Glitzerpuder, Goldpapier, Silberfolie, Goldband und ähnlich »wertvoll« scheinende Dinge.
Aufkleber, Lineale und Schablonen helfen beim Verzieren der Kunstwerke und fördern die Auge-Hand-Koordination.

Auch Naturmaterialien wie Steine, Stöckchen, Blätter, Baumrinde, Moos, Kastanien, Muscheln und Eicheln fördern die Kreativität – und lassen sich gemeinsam beim Spaziergang sammeln.

Im Märchenland

Unerschöpfliche Spielideen bieten Märchen. Lesen Sie Ihrem Kind ein Mädchen vor, und regen Sie es an, die Geschichte nachzuspielen. Welche Figur möchte es sein? Übernehmen Sie auch eine Rolle. Besonders viel Spaß macht das natürlich mit anderen Kindern. Oder bekommen die Puppen und Stofftiere Rollen zugedacht? Muss man zuerst ein paar Requisiten basteln? Sie werden sehen, dass Ihr Kind bald auch ohne Ihren »Anstoss« Märchen im Spiel umsetzt.

Untersuchen und erforschen – das Denken entwickeln

Der Zusammenhang zwischen Wahrnehmung und Denken wurde in diesem Buch bereits ausgeführt (s. S. 20 und S. 34) und auch wie Kinder in diesem Bereich im Kindergarten gefördert werden (s. S. 44). Aber auch für das kognitive Denken gilt, dass es zuallererst zu Hause entwickelt und gefördert wird. Sie ermöglichen Ihrem Kind seine wichtigsten alltäglichen Erfahrungen, Sie staunen mit ihm über die Welt, sprechen darüber und lassen es Theorien entwickeln.

Beantworten Sie seine Fragen und fragen Sie zurück. Selber denken ist etwas Tolles – und so bedeutet Förderung in diesem Bereich keineswegs, dem Kind frühzeitig Fakten zu vermitteln und Wissen einzupauken, sondern ihm Zugangsweisen zur Welt ermöglichen, es zum Mitdenken anleiten, damit es eigene Denkweisen entwickelt. Seien Sie sich dabei aber auch bewusst, dass das kindliche Gehirn zwar unglaublich leistungsfähig ist – aber auf andere Weise als das eines Erwachsenen. Es basiert auf dem Anschaulichen und Konkreten, der Handlung. Komplexe Verrichtungen wollen zunächst in Einzelschritte zerlegt werden. Es braucht Strukturierung und vor allem Wiederholung. Wenn Sie im täglichen Umgang mit Ihrem Kind folgende Grundsätze beachten, bieten Sie bereits sehr viel »geistige Nahrung«.

Eigenständiges Denken entwickeln

- Nehmen Sie Handlungen und Beobachtungen bewusst wahr und machen Sie Ihr Kind darauf aufmerksam. Begleiten Sie diese Beobachtungen sprachlich, setzen Sie sie in Zusammenhang mit anderen Wahrnehmungen.
- Machen Sie Ihr Kind auf Zusammenhänge in der Umwelt und der Welt überhaupt aufmerksam, z. B.: Kuh – Milch oder Baum – Papier oder Früchte oder … Thematisieren Sie ggf. auch damit zusammenhängende Probleme und suchen Sie gemeinsam nach Lösungsmöglichkeiten.
- Denken Sie Folgen konsequent durch: Was wäre, wenn …
- Lassen Sie Ihr Kind entsprechend Visionen entwerfen.
- Stellen Sie gemeinsam Hypothesen auf und überprüfen sie.
- Lassen Sie Ihr Kind Pläne erstellen: für Tagesabläufe, für Wege (Schatzsuche) …
- Diskutieren und argumentieren Sie – auch wenn es zeitweise anstrengend ist.

Im Folgenden finden Sie einige Spielideen, die logisches Denken, Gedächtnis und Konzentration, aber auch Konstruktions- und Baufähigkeit sowie das Sortieren und Zählen schulen.

Erstes Memory
Verstecken Sie vor den Augen Ihres Kindes ein kleines Spielzeug unter einem von drei umgedrehten Bechern. Fragen Sie es dann, wo sich das Spielzeug befindet.

Findest du alles?

Verstecken Sie vor den Augen Ihres Kindes drei Bauklötze an unterschiedlichen Orten. Findet es alle drei wieder?

Kategorisieren

Geben Sie Ihrem Kind verschiedene größere Behälter, in die es unterschiedliche Dinge ordnen soll: Autos, Buntstifte, Stofftiere, Bauklötze … Begreift es das Prinzip?

Zielgerichtet handeln

Die kognitive Entwicklung des Kindes wird im zweiten Lebensjahr weiterhin in besonderer Weise durch die ständigen Bewegungserfahrungen geleitet. Beim Krabbeln, Hochziehen, Hangeln, Stehen entdeckt es die dreidimensionale Welt. Es entdeckt Beziehungen wie oben, unten, durch usw. Und es greift aktiv in seine Umwelt ein: Es schiebt einen Gegenstand beiseite, um besser krabbeln zu können, es zieht an einer Schnur, um das daran befestigte Auto heranzuholen usw. Dieses zielgerichtete Handeln bedeutet, dass das Kind bewusst plant und bestimmte Mittel einsetzt, um sein Ziel zu erreichen – ein enormer geistiger Fortschritt und die Voraussetzung zum Verständnis der Kausalität.

Verstecken spielen

Sobald Ihr Kind versteht, dass versteckte Dinge weiterhin existieren, versteht es auch eher, dass Sie immer noch existieren, wenn Sie nicht bei ihm sind. Das lindert die Trennungsangst.

- Nehmen Sie einen Ball und zeigen Sie ihn Ihrem Kind.
- Dann verstecken Sie ihn unter einem Kissen oder Schemel.
- Nun zeigen Sie Ihrem Kind, wo der Ball versteckt ist.

- Zeigen Sie beim Entdecken Überraschung und Freude, bevor Sie ihn wieder zudecken.
- Nun fordern Sie Ihr Kind auf, den Ball zu finden.
- Wenn es ihn findet, loben Sie und wiederholen es noch einmal.

Begriffe nennen

Schauen Sie mit Ihrem Kind Bilderbücher an. Erklären Sie, was Sie sehen. Bald wird es die Dinge selbst beim Namen nennen. Wenn es die Begriffe kennt, machen Sie ein Spiel daraus, auch einmal etwas Verkehrtes zu sagen: Deuten Sie auf das Auto und sagen Sie »Hund«. Protestiert es lautstark?

Kausalität: Ursache und Wirkung

Durch Ausprobieren und Experimentieren werden auch die Eigenschaften der Dinge erkundet: Was passiert, wenn ich … das Glas auskippe, … am Tischtuch ziehe, … Mamas Blumenvase runterwerfe?
Auf diese Weise erwirbt sich Ihr Kind ein Wissen um Ursache und Wirkung und lernt Zusammenhänge zu durchschauen – die Basis seiner weiteren geistigen Entwicklung. Aus diesem Grunde sind diese »Versuchsreihen«, auch wenn sie Eltern manchmal ziemlich nerven, von unschätzbarem Wert für Babys Entwicklung.

Ab **2** Jahre

Fingerspiele

Fingerspiele fördern nicht nur die Feinmotorik und die Sprachentwicklung, sondern durch die vielfältige Koordinationsleistung zwischen Hören und Umsetzen in Bewegung und Sprache das kognitive Denken in besonderer Weise.

Hier drei beliebte Beispiele:

Das ist der Daumen,
> *der schüttelt die Pflaumen,*
> *der hebt sie auf,*
> *der trägt sie nach Haus,*
> *und der kleine Schlingel*
> *isst sie alle auf.*

Daumen bück dich,
> *Zeigefinger streck dich,*
> *Mittelfinger reck sich,*
> *Ringfinger heb dich,*
> *Kleiner duck dich.*

Zehn kleine Zappelmänner
> *zappeln hin und her.*
> *Zehn kleinen Zappelmännern*
> *fällt das gar nicht schwer.*
> *Zehn kleine Zappelmänner*
> *zappeln auf und nieder.*
> *Zehn kleine Zappelmänner*
> *tun das immer wieder.*
> *Zehn kleine Zappelmänner*
> *sind auf einmal weg.*

Hoch hinaus

Bauen ist der Renner im dritten Lebensjahr – und bauen kann man nicht nur mit Bauklötzen, sondern auch mit Schachteln, mit Kissen, mit Plastikgefäßen – und das Prinzip ist immer dasselbe: Das Fundament muss stimmen, sonst geht es nicht hoch hinaus! Bauen Sie doch mal mit Ihrem Kind einen Turm oder ein Haus um die Wette!

Wasserspiele

Geben Sie Ihrem Kind beim Baden verschiedene Gefäße und
Kännchen zum Füllen, Umschütten, Gießen. Zeigen Sie ihm,
wie das Wasser durch ein Sieb tropft. Machen Sie aus den verschiedenen Aktivitäten Spiele, indem Sie sich z. B. vom Kind
»Kaffee« in eine Tasse einschenken lassen usw.

Ab **3** Jahre

Ich sehe was, was du nicht siehst

Dieses Spiel, wohl ein Klassiker und »Retter« in vielen Situationen, kann bereits jetzt begonnen werden, wobei einfach Gegenstände erraten werden müssen und die Aufmerksamkeit des
Kindes gezielt auf das gesuchte Ding gelenkt wird. Dieses Spiel
fördert nicht nur die Konzentrationsfähigkeit, sondern auch das
Sprachverständnis.

Labor Küche

Machen Sie die Küche zum Experimentierraum – natürlich
unter Ihrer Aufsicht. Es ist für Ihr Kind spannend zu erleben,
wie es aus flüssigem Eiweiß Eischnee schlagen oder Sahne steif
schlagen kann, wie sich Puddingpulver in Milch auflöst und
dann beim Aufkochen dick wird oder wie Schokolade beim
Erwärmen schmilzt. Und geben Sie doch einmal ein Gummibär-
chen in Wasser und lassen es über Nacht stehen … Die Welt ist
voller Wunder …

Knopfsammlung

In früheren Zeiten war der Stolz manches Kindes seine Knopfsammlung – heute ist dieses Spiel leider in Vergessenheit
geraten. Gehen Sie doch mal mit Ihrem Kind in ein Kurzwaren-
geschäft und lassen Sie es viele verschiedene Knöpfe, unterschiedlich groß, aussuchen. Kaufen Sie immer zwei Stück – Ihr
Kind wird begeistert seine Knopfsammlung sortieren – paar-
weise, nach Farben, Formen usw.

Ich packe meinen Koffer

Bei diesem Spiel für zwei und mehr Spieler packt einer nach dem anderen etwas ein und muss zuvor jeweils alles aufzählen, was seine Mitspieler und er selbst vorher schon eingepackt haben. Die Liste wird jedes Mal länger. Genaues Zuhören und Konzentration sind gefragt. Das Gedächtnis wird geschult.

»Ich packe in meinen Koffer einen Pulli.« »Ich packe in meinen Koffer einen Pulli und eine lange Hose.« ... »Ich packe in meinen Koffer einen Pulli, eine lange Hose und ein Buch.« ...

Architekt sein

Lassen Sie Ihr Kind aus Schachteln ein Haus planen – wenn Sie jeweils eine Kartonwand wegschneiden, ergeben sich Puppenstuben, die Sie gemeinsam tapezieren, mit Bauklötzen und anderen Dingen möbilieren, als Haus anordnen und schließlich bespielen können.

Entsprechend kann man auch ganze Dörfer planen, vielleicht aus Zigarettenschachteln – oder einen Bauernhof?

Die kognitive Entwicklung fördern

Der Entwicklung des kognitiven Denkens liegen vergleichsweise wenige »Operationen« zugrunde: vergleichen, was kleiner und was größer ist, Dinge bestimmten Kategorien zuordnen, logische Schlüsse ziehen, neue Perspektiven einnehmen, Kausalität erkennen, Entscheidungen treffen und Hypothesen aufstellen – jede Alltagshandlung, die das Kind selbst ausführt, übt diese Kompetenzen ein.

Was wäre, wenn?

Wer kennt dieses Fantasiespiel nicht aus dem eigenen Leben?
Und auch bei Kindern fördert es Vorstellungsvermögen und
logisches Denken, aber auch Sprachvermögen in bester Weise.
Was wäre, wenn alle Autos rückwärts führen?
Was wäre, wenn alle Kinder Riesen wären und alle Erwachse-
nen Zwerge?
Was wäre, wenn alle Ampeln rot wären?
Was wäre, wenn …

Messen wie in alten Zeiten

Wie hat man früher gemessen? Genau, mit der Elle. Bringen Sie
Ihrem Kind doch auch auf so natürliche Weise ein Gefühl für
unterschiedliche Größen bei. Lassen Sie es verschiedene Gegenstände mit seinem Ellenbogen abmessen – dann messen Sie mit
Ihrem Ellenbogen. Nehmen Sie zunächst von Ihrem und seinem
Ellenbogen ein »Grundmaß« – und dann können Sie vielerlei
Vergleiche anstellen. Und Sie können es auch erst einmal schätzen lassen. Das Gleiche können Sie natürlich mit dem »Schritt-
maß« machen – vielleicht draußen in der Natur, beim Abmessen
von Baumstämmen, Wegen usw.

Der gelbe Tag

Lernt Ihr Kind gerade die Farben? Dazu gibt es ein tolles Spiel.
Heute ist z. B. der gelbe Tag. Was hat Ihr Kind Gelbes zum
Anziehen? Gibt es zum Frühstück gelbes Rührei? Danach möch-
tes es mit gelber Knete kneten oder ein gelbes Bild malen? Auf
dem Weg zum Kindergarten zählen wir die gelben Autos? Und
was könnte es zum Mittagessen geben? ….
Morgen könnte dann ein grüner Tag sein …

Kästchenspiel

Zwei Spieler haben ein Blatt mit Kästchen vor sich liegen und geben sich gegenseitig Anweisungen:
»Geh zwei Kästchen nach oben, dann drei Kästchen nach links, nun vier Kästchen nach unten. Male dieses Kästchen aus.«
Dann wird verglichen, ob beide das gleiche Bild gemalt haben.

Verkehrte Welt

Sie erzählen Ihrem Kind eine Geschichte – und plötzlich stimmt darin etwas nicht. Merkt es den »Unsinn«? Jedes Mal, wenn was nicht stimmt, soll es »papperlapapp« sagen. Und dann ist Ihr Kind dran …

Schätzspiel

Stellen Sie eine Schüssel mit Nüssen auf den Tisch. Mehrere Kinder fassen gleichzeitig hinein und nehmen je eine Hand voll Nüsse heraus und legen sie vor sich auf den Tisch. Wer hat die meisten? Jeder darf schätzen, dann wird nachgezählt.

Rätsel – alt bewährt und sehr gefragt

Kinderrätsel sind ein wenig aus der Mode gekommen, dabei haben Kinder großen Spaß dabei, und sie können jederzeit und überall auch aus dem Stehgreif erfunden werden. »Kennst Du ein anderes Wort für Obst?« – »Was ist größer: die Regentonne oder die Wäschetonne?« – »Welches Tier hat einen Höcker?« – Das genügt sicher als Anregung!

Sprache – Schlüssel zur Welt

Untersuchungen und Forschungen belegen zweifellos die entscheidende Bedeutung des familiären Umfeldes für die Sprachentwicklung. Als Eltern haben Sie den größten Einfluss auf die Sprachentwicklung Ihres Kindes, eine Aufgabe, die gleich nach der Geburt beginnt und bis ins Vorschulalter reicht. Wenn alles gut läuft, ist mit etwa vier bis fünf Jahren die Sprachentwicklung abgeschlossen, danach wird kontinuierlich der Wortschatz, aber auch die Komplexität des Satzbaus erweitert.

Sprachförderung bedeutet: Sprachförderung bedeutet, dass Sie Ihrem Kind ein positives Sprachvorbild sind, indem Sie zuallererst selbstbewusst und abwechslungsreich reden und auf positive Weise mit Ihren Mitmenschen kommunizieren. Und Ihrem Kind natürlich reichlich Zuwendung und Aufmerksamkeit schenken, ihm vielfältige Sprechanlässe bieten, es in Gespräche einbeziehen und verwickeln, ihm Fragen stellen, ihm die Welt und den Alltag erklären, aber auch über Gefühle usw. sprechen. Auf diese Weise vermitteln Sie ihm auch Freude am Sprechen. In vielen Familien **Sprechen lernt man nur durch sprechen.** wird heute viel zu wenig gesprochen. Die Berieselung durchs Fernsehen bringt gar nichts.

Sprachförderung bedeutet darüber hinaus auch, dass Sie Ihr Kind in die wunderbaren Welten, die man durch Sprache erleben und erschaffen kann, einführen. Dazu gehört die Beschäftigung mit Geschichten und Büchern, mit Liedern, Versen, Reimen und Fingerspielen, aber auch mit Quatschgeschichten und Bewegungsgeschichten, denn Sprache und Bewegung gehören ebenfalls zusammen.

Bei gemeinsamen Unternehmungen entdeckt man viel Neues, das neugierig macht und über das man sprechen will. Und es ergeben sich aus dem gemeinsamen Erleben und Beisammensein ebenfalls vielfältige Sprechanlässe. Mit Sprache leben, mit Sprache spielen, Sprache lieben – das bedeutet Sprachförderung. Wenn Sie zudem einige Grundsätze befolgen, die durchaus auch

für das Gespräch mit Erwachsenen gelten, tun Sie schon sehr
viel für eine positive Sprachentwicklung und ein förderliches
Kommunikationsverhalten Ihres Kindes:

- Schenken Sie Ihrem Kind Aufmerksamkeit, wenn es Ihnen
  etwas mitteilen möchte und wenn Sie mit ihm sprechen.
  Hören Sie nicht »mit halbem Ohr« hin, und sprechen Sie
  nicht einfach nebenher bei wichtigen anderen Tätigkeiten mit
  Ihrem Kind. Das Zuhören ist schon von der Lallphase an –
  und die gesamte Kinder- und Jugendzeit über – eine wichtige
  Fähigkeit, die nicht nur der Sprachentwicklung Ihres Kindes,
  sondern auch der Ausbildung seines Selbstwertgefühls und
  Ihrer Beziehung zugute kommt.
- Halten Sie Blickkontakt und achten Sie auch auf Mimik und
  Körpersprache.
- Ermuntern Sie Ihr Kind zum Sprechen, zum Mitteilen, zum
  Erzählen von Geschehnissen.
- Fragen Sie nach bzw. greifen Sie den Gesprächsfaden auf und
  führen Sie ihn weiter.
- Stellen Sie Fragen bzw. Rückfragen.
- Unterbrechen Sie Ihr Kind nicht, lassen Sie es ausreden.
- Korrigieren Sie es nicht.
- Loben Sie es für sein Sprachvermögen.
- Schaffen Sie Situationen, in denen neue Begriffe erschlossen
  werden.

Ich und Du: Spiele zur Förderung von Identität, Gemeinschaft und Wertorientierung

Wenn das Baby zum Kleinkind wird, hat es bereits bestimmte
enge Kontakte, es wählt Personen bewusst aus, liebt Geselligkeit
und möchte am liebsten immer im Mittelpunkt stehen. Dabei
setzt es die verschiedensten Kommunikationsmittel ein: seine
Körpersprache, seinen Charme und zunehmend die Sprache.

Es gewinnt auch immer mehr Interesse an anderen Kindern, spielt aber erst etwa nach dem dritten Lebensjahr »richtig« mit ihnen; das Teilen allerdings fällt ihm lange schwer.

Eine wichtige Aufgabe der ersten Lebensjahre ist daher auch die Entwicklung von sozialer Kompetenz, von Gemeinschaftsfähigkeit, die sich langsam im Spiel mit anderen, aber auch durch Anleitung der Eltern und Betreuungspersonen ausbildet. In diesem Zusammenhang ist auch die emotionale Kompetenz zu sehen, der Umgang mit den eigenen Gefühlen als Voraussetzung der Wahrnehmung und Achtung der Gefühle und Bedürfnisse der anderen. Hierbei spielen auch Werte eine entscheidende Rolle, die fundamental im Elternhaus vermittelt werden (sollten). Gespräche, vielfältige Gruppenerlebnisse, Rollenspiele bieten dem Kind Erfahrungsmöglichkeiten, die diese Entwicklungsbereiche fördern.

Wie »fühlen« sich Gefühle an? Was könnte man tun?

Leiten Sie Ihr Kind mit zunehmendem Alter immer wieder an, seine Gefühle zu verbalisieren, sich nicht von ihnen hinreißen zu lassen. Machen Sie Ihrem Kind dann zunehmend bewusst, dass auch die anderen Menschen Gefühle haben – und diese durchaus von ihm beeinflusst werden. Bringen Sie ihm bei, sich zu fragen, wie es den anderen geht.

Zur Ausbildung der Identität gehört auch der Umgang mit dem eigenen Körper und der Geschlechtsidentität (s. S. 68 f.). Und nicht zuletzt geht es um die Ausbildung und Annahme der eigenen Persönlichkeit. Das bedeutet um die Entwicklung von Selbstwertgefühl und Selbstbewusstsein – was letztlich im Mittelpunkt des heutigen Bildungsbegriffes steht und damit Thema dieses ganzen Ratgebers war. Indem Sie die Selbstständigkeit Ihres Kindes in allen Bereichen fördern und es selbst in seiner Persönlichkeit respektieren, ermöglichen Sie ihm, Selbstwertgefühl und Selbstbewusstsein als Grundlage von sozialer und emotionaler Kompetenz zu erwerben.

Den größten Einfluss auf die Wertentwicklung haben sicherlich die »gelebten« Werte im Alltag der Familie. Wertorientierung

und soziale Kompetenz, aber auch der Umgang mit eigenen Emotionen werden ganz wesentlich über das elterliche Vorbild übernommen.

Machen Sie sich daher immer wieder Ihren eigenen Umgang in der Familie bewusst sowie Ihren persönlichen Zugang und Umgang mit Ihren Gefühlen. Leben Sie in einem festen Wertegefüge – oder würden Sie es zumindest gern? Stehen Sie zu Ihren Überzeugungen? Sind Sie gefeit vor Vorurteilen oder lassen Sie sich gelegentlich auch zu einem vorschnellen Urteil über Mitmenschen oder Haltungen hinreißen?

Wie steht es mit Ihren eigenen Werten?

Es kommt Ihrem Kind zugute, wenn Sie eine tolerante, offene Einstellung zu den Mitmenschen haben, hilfsbereit und gesellschaftlich verantwortungsbewusst handeln und beharrlich auch etwas idealistische Grundsätze verfolgen.

So unterstützen Sie die soziale und emotionale Entwicklung

Zuneigung, Körperkontakt, Küssen und Schmusen sind nach wie vor die Säule der sozialen wie seelischen Entwicklung. Gehen Sie immer auf die Kommunikationsangebote Ihres Kindes ein, bringen Sie ihm aber bereits jetzt sanft bei, dass es nicht immer im Mittelpunkt stehen kann und nicht jede Verhaltensweise toleriert werden kann.

Setzen Sie gemäß Ihren persönlichen familiären Vorstellungen Grenzen, die das Kind nicht überschreiten darf – nicht zu viele, diese sollten aber konsequent eingehalten werden. Machen Sie Ihr Kind mit sozialen Ritualen des Umgangs miteinander vertraut (Abschiedskuss, Händeschütteln, Tischgebet …).

Beteiligen Sie Ihr Kind an allen gesellschaftlichen Anlässen. Ermöglichen Sie Kontakte zu anderen Kindern. Reagieren Sie auf Wutausbrüche besonnen, und erklären Sie Ihrem Kind, warum manches nicht so geht, wie es will.

Neben dieser Grundhaltung finden Sie im Folgenden noch einige Ideen für spezielle Aktivitäten, die diesen Bereich fördern und Ihrem Kind Freude bereiten.

Das bin ich!

Nennen Sie Ihr Kind immer bei seinem Namen; dadurch entwickelt sich bei ihm ein Gefühl für das eigene Ich, ein Bewusstsein der eigenen Persönlichkeit und bald wird es auf seinen Namen reagieren. Natürlich sind daneben auch Kosenamen erlaubt. Sprechen Sie gezielt über seine individuellen Bedürfnisse und seine Gefühle. Stellen Sie Ihr Kind auch anderen Menschen immer mit seinem Namen vor.

Geben und Nehmen

Geben Sie Ihrem Kind einen Ball, und sagen Sie dabei deutlich »Ball« und »bitte«. Bitten Sie Ihr Kind dann, den Ball zurückzugeben. Sagen Sie »danke«. Dann geben Sie ihm einen anderen Gegenstand. Bald wird Ihr Kind dieses Spiel und die dazugehörigen Wörter beherrschen.

Spürst du das?

Kitzeln, Schmusen, Streicheln, mal hauchzart, dann ein wenig kräftiger – vielfältige Berührungserfahrungen unterstützen die Körperwahrnehmung und machen Ihrem Kind seinen eigenen Körper bewusst.

Erste Ballspiele

Das Ballspielen (s. S. 74) kann nun weitergeführt werden. Ihr Kind kann Ihnen bestimmt schon den Ball zurollen, wenn Sie sich gegenüber auf dem Boden sitzen.
So entsteht das erste Spiel mit einer ganz einfachen Spielregel: hin- und herrollen.

Teddy geht ins Bett

Ihr Kind ahmt bereits Ihre Handlungen nach, das ist der Vorläufer fürs Rollenspiel. Fürsorge und eigenes Bewusstsein für Regeln und Rituale entwickelt Ihr Kind, wenn Sie es z. B. anleiten, abends doch regelmäßig seinen Teddy ins Bett zu bringen. Da muss das Bettchen gerichtet werden, der Teddy will gestreichelt werden und bald auch eine Geschichte hören ...

Ich bin du – Rollenspiele

Ab **3** Jahre

Rollenspiele sind zentral für die Entwicklung der Persönlichkeit, für emotionale und soziale Kompetenz. Hier werden Alltagserfahrungen verarbeitet, hier kann sich das Kind in all die »Großen« hineinversetzen. Hier kann es auch einmal der »Bestimmer« sein und anderen sagen, wo es lang geht. Bei der Beobachtung der »Rollenvorbilder« und bei der Vereinbarung und dem Ausführen lernen Kinder aber vor allem auch, sich in andere hineinzuversetzen und die Gefühle und Handlungsweisen anderer besser zu verstehen. Sie lernen dabei Konflikte auf verschiedene Weise lösen. Rollenspiele können auch mit Handpuppen ausagiert werden, es kann das Kaufladen- oder Doktorspiel sein, oft erfindet das Kind seine Szenarien aber auch ganz frei. Unterstützen Sie diese Spiele, machen Sie mit, wenn Sie gefragt werden – Sie können dabei viel über die inneren Welten Ihres Kindes erfahren.

Das bist du!

Schon kleine Kinder haben eine »Geschichte« und sie finden es toll, wenn man ihnen davon erzählt, wie sie als Baby waren. Mit Begeisterung schauen sie ihre Babyfotos an. Diese Beschäftigung mit der eigenen »Vergangenheit« stärkt das Identitätsgefühl. Erzählen Sie ihm, wie es mit großem Appetit seinen Brei verspeiste, wie es später immer – schwupps – schnell wegkrabbelte ... Vielleicht haben Sie noch einen kleinen Strampler

von früher? Regen Sie es dann doch mal an, sich selbst als Baby
zu spielen – eine Puppe ist das Baby.

Gefühle spielen

Fragen Sie Ihr Kind, wie es ihm geht. Lassen Sie sich möglichst
genau beschreiben, wie es sich fühlt, und erzählen auch Sie, wie
Sie sich fühlen, warum Sie gut oder schlecht aufgelegt sind und
was Sie nun am besten tun. Dann soll Ihr Kind sein Gefühl möglichst gut darstellen. Gelingt ihm das? Und wie ist es bei Ihnen?

So sehe ich dich

Dazu sollten mehrere Kinder anwesend sein. Das jüngste stellt
sich in die Mitte und die anderen beschreiben es nacheinander:
wie groß es ist, seine Haar- und Augenfarbe, seine Kleidung,
was ihnen besonders an ihm gefällt. Wie findet sich das Kind
selbst? Dann ist das nächste Kind an der Reihe.

Ab **4** Jahre

Die ideale Welt

Lassen Sie Ihr Kind die Welt beschreiben, in der es ihm rundum
gut gehen würde – aber seinen Mitmenschen auch. Was würde
es sich dabei wünschen? Verträgt sich das mit den Bedürfnissen
der anderen? Lassen Sie Ihr Kind Regeln formulieren, Bedingungen für diese ideale Welt.

Ein Bilderbuch von mir

Führen Sie die Idee »Das bis du!« von Seite 119 noch einen
Schritt weiter. Es vermittelt Ihrem Kind ein tolles Selbstgefühl,
wenn Sie mit ihm ein Bilderbuch seiner frühen Lebensjahre
anfertigen. Schreiben Sie kleine Erlebnisse aus der Baby- und
Kleinkindzeit auf, kleben Sie Fotos dazu, bringen Sie auch die
Familie und Verwandtschaft ins Spiel.
Gestalten Sie dann eine schöne Titelseite mit dem Namen Ihres
Kindes – ein solches Bilderbuch wird ein stolzer Besitz sein.

Mit Kindern philosophieren

Kinder entdecken die Welt und wollen den Dingen auf
den Grund gehen. Sie fragen »Warum« – nicht nur bei
materiellen Dingen, sondern bei allem, was sie umgibt.
Damit sind sie im besten Sinne Philosophen – denn die
Philosophie, die Lehre zur Weisheit, fragt nach dem
Grund aller Dinge, dem Wesen und Sinn des Lebens und
den Maximen des Zusammenlebens. Sie stellt, wie die
Kinder, auch Selbstverständliches in Frage. Also lassen Sie
sich darauf ein. Gehen Sie gemeinsam mit Ihrem Kind der
Welt auf den Grund – durch Weiterfragen, der sprachlichen Durchdringung, durch Nachdenken und Zuhören.
Die Probleme wollen in Worte gefasst werden. Philosophie entwickelt sich durch den Dialog – auch eine wunderbare Art der Sprachförderung. Beim Philosophieren
lassen sich idealerweise Werte vermitteln und erklären.
Philosophie ist die Suche nach Erklärung und Sinn und
schafft Orientierung. Durch Fragen wird Denken angeregt, es werden Erkenntnisprozesse ausgelöst. Das ist
Bildungsarbeit im besten Sinn.

*Gefühle, Werte,
Orientierung –
diese Dinge werden
im Dialog aus-
gelotet.*

Monster-Treffen

Ängste gehören zur Kindheit dazu und können unterschiedliche
Bereiche betreffen. Hat Ihr Kind Angst vor Ungeheuern, dann
kann ein Monster-Treffen Wunder wirken.
Basteln Sie mit Ihrem Kind – am besten noch mit ein paar
kleinen Freunden – aus festem Papier und Gummiband
Monstermasken, die die Kinder ausschneiden und »schrecklich«
bemalen dürfen. Dann werden die Monstermasken anprobiert
und an der passenden Stelle Augenschlitze ausgeschnitten – und
dann geht´s los zum Monstertanz!

Ab **5** Jahre

Expressionismus – Gefühle malen

Lassen Sie Ihr Kind eintauchen in die Welt der Farben und Gefühle. Sprechen Sie mit ihm über Gefühle, die es kennt, und wie es sich dabei fühlt. Dann bitten Sie es, diese Gefühle zu malen – machen Sie es doch auch einmal!
Sie können ihm auch eine Geschichte über ein stark emotionales Thema vorlesen und es dann malen lassen, wie die Figuren sich fühlen.

Kultur-Urlaub

»Verreisen« Sie mit Ihrem Kind doch einmal in einen anderen Kulturkreis – das geht auch zu Hause.
Erzählen Sie ihm erst Geschichten, wie Kinder in dem anderen Land leben. Welche Musik es dort gibt, welches Essen, welche Kleidung und welches Kulturhandwerk. Leihen Sie Bücher dazu aus und dann bereiten Sie z. B. ein entsprechendes Fest vor: das chinesische Neujahrsfest, ein jüdisches oder muslimisches Fest.

Eine Schachtel voller Hüte

Sie werden erstaunt sein, wie allein schon ein Hut Ihr Kind in eine ganz andere Rolle schlüpfen lässt. Mit einer Polizeimütze kann es den Verkehr regeln, mit einem Schleier wird es zu einer Braut, mit einer Bäckersmütze backt es frische Brötchen und mit einem Matrosenhut fährt es zur See.

Kinder sind Forscher

Die grundlegenden Überlegungen hierzu finden Sie auf Seite 45 f. Kinder gewinnen den Zugang zu Naturphänomenen im Alltag zuallererst zu Hause. Sie wachsen in unsere Welt hinein, werden in hauswirtschaftliche, handwerkliche, gärtnerische und andere Tätigkeiten eingebunden.

Natur und Natur-phänomene erfahren – das macht Kindern Spaß.

Wenn Sie Ihr Kind gewollt in Ihre Tätigkeiten einbeziehen, sich manchmal ein wenig mehr Zeit nehmen und sie bewusster als sonst ausführen, lernt Ihr Kind ungemein viel. Allerdings ist vieles heute, wie schon ausgeführt, unter den veränderten Bedingungen, wie Wohnumwelt, Berufstätigkeit der Eltern, zu wenig Freispielflächen usw., nicht mehr selbstverständlich. Sie können aber zu Hause auch auf kleinstem Raum Erfahrungs-felder schaffen. Und das Wichtigste: Ein wenig Zeit für das Kind, Geduld, Zuhören und eigener Spaß, den Dingen, die wir Erwachsene nie hinterfragt haben, einmal auf den Grund zu gehen – Sie werden staunen, was wir dabei alles von unseren Kindern lernen können.

Hier nun einige wenige Beispiele zum »Schnuppern« – zu diesem Themenkreis gibt es auch vielfältige Buchangebote.

Einfache Beobachtungen und Experimente im Alltag

Samen keimen

Dazu benötigen Sie getrocknete Butterbohnen, Papiertücher und einen Pflanzensprüher.

Alles beginnt winzigklein.

Ihr Kind nimmt eine Bohne, legt sie auf ein Papiertuch, wickelt sie vorsichtig ein und besprüht Samen und Papiertuch mit Wasser. Das muss es täglich machen, damit der Samen feucht bleibt. Wenn der Samen keimt, kann es ihn in einen kleinen Blumentopf mit Pflanzerde setzen und feucht halten.

Wie sich kleine Tiere fortbewegen

Besorgen Sie eine durchsichtige, mindestens 50 x 30 cm große Plexiglasscheibe und zwei Stützen, z. B. aus Ziegelsteinen, damit Ihr Kind den Kopf unter das Glas stecken kann. Sammeln Sie nun vorsichtig kleine Tiere und setzen Sie sie auf die Scheibe. Nun kann es beobachten, wie sie sich bewegen. Gut geeignet sind z. B. Regenwürmer, Schnecken, Asseln, Marienkäfer.

Leckeres für hungrige Vögel und Eichhörnchen

Bohren Sie in den Boden eines Papierbechers ein Loch. und fädeln Sie einen Faden hindurch, den Sie außen verknoten. Füllen Sie den Becher mit einer Mischung aus weichem Schweineschmalz, verschiedenen Samen- und Getreidekörnern und Frühstücksflocken (schmelzen lassen und verrühren). Füllen Sie die Masse in den Papierbecher, ziehen den Faden hindurch und lassen Sie das Ganze im Kühlschrank fest werden. Dann hängen Sie den Becher an die Wäscheleine oder einen Baumast. Bald können Sie mit Ihrem Kind das Treiben der Vögel beobachten.

Sinken oder schwimmen

Sammeln Sie gemeinsam eine Anzahl von Gegenständen, die schwimmen und nicht schwimmen. Welche schwimmen nach Meinung Ihres Kindes und welche nicht? Stellen Sie dann eine Schüssel mit Wasser auf ein Tablett und geben Sie die Gegenstände hinein. Hat es recht gehabt?

Magnetisch oder nicht magnetisch?

Legen Sie verschiedene kleine Gegenstände in einen Korb, von denen einige eisenhaltig sind und mit einem Magnet hochgezogen werden können. Schreiben Sie auf eine Karte magnetisch, auf eine andere nicht magnetisch. Nun kann Ihr Kind mit einem kleinen Magneten feststellen, welche Gegenstände angezogen werden und welche nicht. Dann ordnet es die Gegenstände der richtigen Karte zu. Ergibt sich ein Schema?

Wenn Eisberge schmelzen

Füllen Sie gemeinsam einen Gefrierbeutel halb mit Wasser und verschließen den Beutel fest mit einem Knoten. Anschließend wird der flüssige Eisberg in das Gefrierfach gelegt und gut durchgefroren. Ist der Minieisberg fertig, wird er aus dem Beutel genommen und in eine passende Schale gelegt. Füllen Sie nun die Schale bis zum Rand mit Wasser. Der Eisberg ragt über den Rand der Schale hinaus. Was passiert, wenn er schmilzt? Wird die Schale überlaufen?

Wasser dehnt sich aus, wenn es gefriert. Das heißt, die Schale wird nicht überlaufen, denn das durch das Eis verdrängte Volumen entspricht dem Volumen des Wassers in flüssigem Aggregatzustand.

Wo bleibt das Salz im Wasser?

Sie brauchen dazu:
- 2 Glasschalen
- heißes Wasser
- kaltes Wasser
- Vorratsgefäß mit Salz
- Teelöffel
- Löffel zum Umrühren

Füllen Sie eine Glasschale mit kaltem Wasser, die andere mit heißem Wasser. Geben Sie nun in jede Schale einen Teelöffel Salz und rühren Sie gut um.

Was können Sie beobachten?

Das Salz löst sich zwar sowohl in kaltem wie in warmem Wasser, im warmem Wasser jedoch schneller als in kaltem Wasser. Geben Sie nun sowohl in das kalte als auch in das warme Wasser weitere kleine Salzmengen (zählen Sie die Menge teelöffelweise ab): Rühren Sie immer um, solange bis sich das Salz am Boden absetzt und nicht mehr löst. Sie werden sehen, dass sich in kaltem und in warmem Wasser die gleiche Menge Salz

löst, die Temperatur also keinen Einfluss auf die Löslichkeit des Salzes hat.

Es löst sich aber nicht das gesamte Salz auf, weil es für Substanzen eine Sättigungsgrenze gibt. Diese liegt für Kochsalz in Wasser bei etwa 360 g/Liter.

Wollen Sie es nun einmal mit Zucker ausprobieren?

Wie fliegen Flugzeuge?

Sie benötigen:

- ein langes Stück Paketkordel
- Luftballon
- einen Trinkhalm
- Klebeband

Befestigen Sie die Paketkordel mit einem Ende an einer Türklinke. Fädeln Sie ein Drittel des Trinkhalms auf die Paketkordel auf. Nun pusten Sie den Luftballon auf und halten die Öffnung zu. Ihr Kind kann nun den Trinkhalm mit einem dicken Stück Klebeband an den aufgepusteten Luftballon kleben, so dass die Öffnung zu ihm zeigt. Nun soll es den Luftballon loslassen.

Der Luftballon zieht sich zusammen. Dabei strömt die Luft aus der Öffnung des Luftballons. Es entsteht ein Überdruck an der Öffnung und der Luftballon wird nach vorne gestoßen. Am Paketband geführt, fliegt der Luftballon so mehrere Meter. Bei einem Flugzeug wird durch den Propeller oder den Düsenantrieb Luft vorne angesaugt und schnell nach hinten abgegeben. Dadurch wird das Flugzeug nach vorne gedrückt.

Kleine Kinder – große Entdecker